경비업법

이철호 著

 21세기사

이 도서의 국립중앙도서관 출판예정도서목록(CIP)은 서지정보유통지원시스템 홈페이지(http://seoji.nl.go.kr)와 국가자료공동목록시스템 (http://www.nl.go.kr/kolisnet)에서 이용하실 수 있습니다.(CIP제어번호: CIP2017021513)

머 리 말

　우리나라 민간경비산업은 1960년대 초 미8군부대의 경비를 담당하면서 시작되었고, 1976년 「용역경비업법」이 제정되면서 법적 · 제도적 기틀을 마련하게 되었다. 민간경비는 하나의 산업으로 성장 · 발전하여 개인과 기업 그리고 공공기관의 안전과 관련하여 일정한 역할을 수행해 오고 있으며, 오늘날 자산보호, 보안서비스, 출입통제 등에 이르기까지 그 역할이 다양한 영역으로 확대되고 있다.

　경비업이란 여러 가지 위해(危害)로 부터 개인의 생명, 재산 등을 보호하기 위하여 특정의 의뢰인인 고객으로부터 받은 보수에 따른 경비서비스를 제공하는 업무를 의미한다. 경비업무와 관련된 제반사항을 법으로 규정한 「경비업법」 제2조에서는 "경비업이란 시설경비업무, 호송경비업무, 신변보호업무, 기계경비업무, 특수경비업무의 전부 또는 일부를 도급받아 행하는 영업을 말한다."고 규정하고 있다.

　누구든지 자신이 종사하는 또는 종사하고자 하는 분야의 직무와 관련된 법령의 숙지는 필수적이라 할 것이다. 민간경비분야에 진출하고자 하는 사람 또한 경비업법(警備業法)과 청원경찰법(請願警察法)에 대한 체계적이고 정확한 이해가 뒷받침되어야 한다.

　경비지도사 시험은 1차 · 2차로 구분되어 시행되며, 경비업법(청원경찰법 포함)은 경비지도사 2차시험의 필수과목이다. 경비지도사 시험에서 경비업법 출제의 기본 방향은 경비업법령과 청원경찰법령에 관한 전반적인 내용에 관하여 출제가 되고 있다. 경비업법의 출제 범위를 구체적으로 살펴보면, (1) 경비업의 정의, 경비업의 허가 등, 기계경비업무, 경비지도사 및 경비원, 행정처분 등, 경비협회, 보칙 및 벌칙 등 경비업법령에 관한 전반적인 사항, (2) 청원경찰의 배치, 임용 및 교육, 청원경찰의 경비와 보상, 청원경찰의 신분보장, 위임, 징계 및 배상책임, 청원경찰의 무기와 복제, 벌칙 및 과태료, 문서와 장부의 배치 등 청원경찰법령에 관한 사항을 중심으로 출제되고 있다.

본서는 경비지도사 시험의 출제 방향에 맞추어 경찰행정학과 등에서 경비지도사 자격시험이나 민간경비분야에 진출하고자 하는 학생 등에게 도움이 되고자 하는 목적으로 집필하였다. 저자가 재직하고 있는 대학에서「민간경비론」을 강의하면서 재학생들에게 도움이 되고자 하는 마음으로 틈틈이 시간을 내어 집필하였다. 집필을 끝내고 보니, 부족하고 미흡한 부분이 많다. 부족한 부분은 강의와 연구를 통하여 체계적으로 수정·보완할 것을 약속드린다.

학문하는 자세는 '널리 배우고 세밀하게 의문점을 제시하고 깊이 사색하며 정확하게 판단하여 실천하는 것이다'라는 것이 평소 저자의 지론이다. 다독(多讀), 다상량(多商量)을 통하여 더욱 더 정진해야겠다.

이 책자가 남부대학교 강의실과 경찰고시원에서 경찰입직의 꿈을 이루기 위해 애씀의 땀을 흘리는 제자들에게 조금이라도 보탬이 된다면 더 할 수 없는 기쁨이겠다. 해가 거듭 될수록 경찰시험에 합격하는 제자들이 매년 증가하고 있다. 고무적인 현상이다. 더욱 더 '따뜻한 마음'으로 가르치고 지도해야겠다고 다짐해 본다.

어려운 출판환경에서도 항상 흔쾌히 출판을 허락하여 주시는 〈21세기사〉 이범만 사장님과 편집부 선생님들께 감사의 마음을 전한다.

2017. 7.

寓居 文香齋에서

이철호 합장(合掌)

목 차

1
PART

경비업법

1
Chapter

총칙

Ⅰ   경비업법의 목적

경비업법은 경비업의 육성 및 발전과 그 체계적 관리에 관하여 필요한 사항을 정함으로써 경비업의 건전한 운영에 이바지함을 목적으로 한다(경비업법 제1조).

Ⅱ   경비업법과 용어

경비업법에서 사용하는 용어의 정의는 다음과 같다(경비업법 제2조).

1. "경비업"이라 함은 다음 각목의 1에 해당하는 업무의 전부 또는 일부를 도급받아 행하는 영업을 말한다(경비업법 제2조 제1호).

  가. 시설경비업무 : 경비를 필요로 하는 시설 및 장소(이하 "경비대상시설"이라 한다)에서의 도난 · 화재 그 밖의 혼잡 등으로 인한 위험발생을 방지하는 업무
  나. 호송경비업무 : 운반중에 있는 현금 · 유가증권 · 귀금속 · 상품 그 밖의 물건에 대하여 도난 · 화재 등 위험발생을 방지하는 업무
  다. 신변보호업무 : 사람의 생명이나 신체에 대한 위해의 발생을 방지하고 그 신변을 보호하는 업무
  라. 기계경비업무 : 경비대상시설에 설치한 기기에 의하여 감지 · 송신된 정보를 그 경비대상시설외의 장소에 설치한 관제시설의 기기로 수신하여 도난 · 화재 등 위험발생을 방지하는 업무

마. 특수경비업무 : 공항(항공기를 포함한다) 등 대통령령이 정하는 국가중요시설[1]의 경비 및 도난·화재 그 밖의 위험발생을 방지하는 업무

2. "경비지도사"라 함은 경비원을 지도·감독 및 교육하는 자를 말하며 일반경비지도사와 기계경비지도사로 구분한다(경비업법 제2조 제2호).

3. "경비원"이라 함은 제4조 제1항의 규정에 의하여 경비업의 허가를 받은 법인이 채용한 고용인으로서 다음 각목의 1에 해당하는 자를 말한다(경비업법 제2조 제3호).
   가. 일반경비원 : 제1호 가목 내지 라목의 경비업무를 수행하는 자
   나. 특수경비원 : 제1호 마목의 경비업무를 수행하는 자

4. "무기"라 함은 인명 또는 신체에 위해를 가할 수 있도록 제작된 권총·소총 등을 말한다(경비업법 제2조 제4호).

5. "집단민원현장"이란 다음 각 목의 장소를 말한다(경비업법 제2조 제5호).
   가. 「노동조합 및 노동관계조정법」에 따라 노동관계 당사자가 노동쟁의 조정신청을 한 사업장 또는 쟁의행위가 발생한 사업장
   나. 「도시 및 주거환경정비법」[2]에 따른 정비사업과 관련하여 이해대립이 있어 다툼이 있는 장소
   다. 특정 시설물의 설치와 관련하여 민원이 있는 장소
   라. 주주총회와 관련하여 이해대립이 있어 다툼이 있는 장소
   마. 건물·토지 등 부동산 및 동산에 대한 소유권·운영권·관리권·점유권 등 법적 권

---

1) 경비업법 시행령 제2조(국가중요시설) 경비업법 제2조 제1호 마목에서 "대통령령이 정하는 국가중요시설"이라 함은 공항·항만, 원자력발전소 등의 시설중 국가정보원장이 지정하는 국가보안목표시설과 「통합방위법」 제21조 제4항의 규정에 의하여 국방부장관이 지정하는 국가중요시설을 말한다.
   통합방위법 제21조(국가중요시설의 경비·보안 및 방호) ④ 국가중요시설은 국방부장관이 관계 행정기관의 장 및 국가정보원장과 협의하여 지정한다.
2) 도시 및 주거환경정비법 제1조(목적) 이 법은 도시기능의 회복이 필요하거나 주거환경이 불량한 지역을 계획적으로 정비하고 노후·불량건축물을 효율적으로 개량하기 위하여 필요한 사항을 규정함으로써 도시환경을 개선하고 주거생활의 질을 높이는데 이바지함을 목적으로 한다.

리에 대한 이해대립이 있어 다툼이 있는 장소

바. 100명 이상의 사람이 모이는 국제 · 문화 · 예술 · 체육 행사장

사. 「행정대집행법」[3]에 따라 대집행을 하는 장소

Ⅲ 경비업법과 법인(法人)

경비업은 법인이 아니면 이를 영위할 수 없다(경비업법 제3조).

---

3) 행정대집행법 제1조(목적) 행정의무의 이행확보에 관하여서는 따로 법률로써 정하는 것을 제외하고
   는 본법의 정하는 바에 의한다.

2 경비업의 허가 등

Ⅰ 경비업의 허가

경비업을 영위하고자 하는 법인은 도급받아 행하고자 하는 경비업무를 특정하여 그 법인의 주사무소의 소재지를 관할하는 지방경찰청장의 허가를 받아야 한다. 도급받아 행하고자 하는 경비업무를 변경하는 경우에도 또한 같다(경비업법 제4조 제1항).

1. 경비업의 허가와 요건

경비업의 허가를 받고자 하는 법인은 다음 각 호의 요건을 갖추어야 한다(경비업법 제4조 제2항).

1. 대통령령으로 정하는 1억원 이상의 자본금의 보유
2. 다음 각 목의 경비인력 요건
   가. 시설경비업무: 경비원 20명 이상 및 경비지도사 1명 이상
   나. 시설경비업무 외의 경비업무: 대통령령으로 정하는 경비 인력
3. 제2호의 경비인력을 교육할 수 있는 교육장을 포함하여 대통령령으로 정하는 시설과 장비의 보유
4. 그 밖에 경비업무 수행을 위하여 대통령령으로 정하는 사항

2. 경비업의 허가와 신고

경비업의 허가를 받은 법인은 다음 각호의 1에 해당하는 때에는 지방경찰청장에게 신고하여야 한다(경비업법 제4조 제3항).

1. 영업을 폐업하거나 휴업한 때

2. 법인의 명칭이나 대표자 · 임원을 변경한 때

3. 법인의 주사무소나 출장소를 신설 · 이전 또는 폐지한 때

4. 기계경비업무의 수행을 위한 관제시설을 신설 · 이전 또는 폐지한 때

5. 특수경비업무를 개시하거나 종료한 때

6. 그 밖에 대통령령이 정하는 중요사항을 변경한 때[4]

경비업의 허가 또는 신고의 절차, 신고의 기한 등 허가 및 신고에 관하여 필요한 사항은 대통령령으로 정한다(경비업법 제4조 제4항).

(1) 경비업의 허가신청 또는 변경허가신청

경비업법에 따라 경비업의 허가를 받으려는 경우에는 허가신청서에, 경비업의 허가를 받은 법인이 허가를 받은 경비업무를 변경하거나 새로운 경비업무를 추가하려는 경우에는 변경허가신청서에 행정자치부령으로 정하는 서류를 첨부하여 법인의 주사무소를 관할하는 지방경찰청장 또는 해당 지방경찰청 소속의 경찰서장에게 제출하여야 한다. 이 경우 신청서를 제출받은 경찰서장은 지체 없이 관할 지방경찰청장에게 보내야 한다(경비업법 시행령 제3조 제1항).

경비업의 허가 또는 변경허가 신청서를 제출하는 법인은 별표 1의 규정에 의한 경비인력 · 자본금 · 시설 및 장비를 갖추어야 한다. 다만, 경비업의 허가 또는 변경허가를 신청하는 때에 별표 1의 규정에 의한 시설 등(자본금을 제외한다. 이하 이 항에서 같다)을 갖출 수 없는 경우에는 허가 또는 변경허가의 신청시 시설 등의 확보계획서를 제출한 후 허가 또는 변경허가를 받은 날부터 1월 이내에 별표 1의 규정에 의한 시설 등을 갖추고 지방경찰청장의 확인을 받아야 한다(경비업법 시행령 제3조 제2항).

---

4) 경비업법 제4조 제3항 제6호에서 "그밖에 대통령령이 정하는 중요사항"이라 함은 정관의 목적을 말한다(경비업법 시행령 제5조 제4항).

경비업의 시설 등의 기준(제3조 제2항 관련)

시설 등 기준 업무별	경비인력	자본금	시설	장비 등
1. 시설경비업무	• 일반경비원 20명 이상 • 경비지도사 1명 이상	1억원 이상	기준 경비인력 수 이상을 동시에 교육할 수 있는 교육장	기준 경비인력 수 이상의 경비원 복장 및 경적, 단봉, 분사기
2. 호송경비업무	• 무술유단자인 일반경비원 5명 이상 • 경비지도사 1명 이상	1억원 이상	기준 경비인력 수 이상을 동시에 교육할 수 있는 교육장	• 호송용 차량 1대 이상 • 현금호송백 1개 이상 • 기준 경비인력 수 이상의 경비원 복장 및 경적, 단봉, 분사기
3. 신변보호업무	• 무술유단자인 일반경비원 5명 이상 • 경비지도사 1명 이상	1억원 이상	기준 경비인력 수 이상을 동시에 교육할 수 있는 교육장	• 기준 경비인력 수 이상의 무전기 등 통신장비 • 기준 경비인력 수 이상의 경적, 단봉, 분사기
4. 기계경비업무	• 전자·통신 분야 기술자격증소지자 5명을 포함한 일반경비원 10명 이상 • 경비지도사 1명 이상	1억원 이상	• 기준 경비인력 수 이상을 동시에 교육할 수 있는 교육장 • 관제시설	• 감지장치·송신장치 및 수신장치 • 출장소별로 출동차량 2대 이상 • 기준 경비인력 수 이상의 경비원 복장 및 경적, 단봉, 분사기
5. 특수경비업무	• 특수경비원 20명 이상 • 경비지도사 1명 이상	3억원 이상	기준 경비인력 수 이상을 동시에 교육할 수 있는 교육장	• 기준 경비인력 수 이상의 경비원 복장 및 경적, 단봉, 분사기

비고
1. 자본금의 경우 하나의 경비업무에 대한 자본금을 갖춘 경비업자가 그 외의 경비업무를 추가로 하려는 경우 자본금을 갖춘 것으로 본다. 다만, 특수경비업자 외의 자가 특수경비업무를 추가로 하려는 경우에는 이미 갖추고 있는 자본금을 포함하여 특수경비업무의 자본금 기준에 적합하여야 한다.
2. 교육장의 경우 하나의 경비업무에 대한 시설을 갖춘 경비업자가 그 외의 경비업무를 추가로 하려는 경우에는 경비인력이 더 많이 필요한 경비업무에 해당하는 교육장을 갖추어야 한다.

3. "무술유단자"란 「국민체육진흥법」 제33조에 따른 대한체육회에 가맹된 단체 또는 문화체육관광부에 등록된 무도 관련 단체가 무술유단자로 인정한 사람을 말한다.
4. "호송용 차량"이란 현금이나 그 밖의 귀중품의 운반에 필요한 견고성 및 안전성을 갖추고 무선통신시설 및 경보시설을 갖춘 자동차를 말한다.
5. "현금호송백"이란 현금이나 그 밖의 귀중품을 운반하기 위한 이동용 호송장비로서 경보시설을 갖춘 것을 말한다.
6. "전자·통신 분야 기술자격증소지자"란 「국가기술자격법」에 따라 전자 및 통신 분야에서 기술자격을 취득한 사람을 말한다.

(2) 지방경찰청장의 허가절차

지방경찰청장은 경비업의 허가 또는 변경허가의 신청을 받은 때에는 경비업을 영위하고자 하는 법인의 임원중 경비업법상의 결격사유에 해당하는 자가 있는지의 유무, 경비인력·시설 및 장비의 확보 또는 확보가능성의 여부, 자본금과 대표자·임원의 경력 및 신용 등을 검토하여 허가여부를 결정하여야 한다(경비업법 시행령 제4조 제1항).

지방경찰청장은 제1항에 따른 검토를 한 후 경비업을 허가하거나 변경허가를 한 경우에는 해당 법인의 주사무소를 관할하는 경찰서장을 거쳐 신청인에게 허가증을 발급하여야 한다(경비업법 시행령 제4조 제2항).

(3) 경비업자의 허가증 재교부신청

경비업자는 경비업 허가증을 잃어버리거나 경비업 허가증이 못쓰게 된 경우에는 허가증 재교부신청서에 다음 각 호의 구분에 따른 서류를 첨부하여 법인의 주사무소를 관할하는 지방경찰청장 또는 해당 지방경찰청 소속의 경찰서장에게 재발급을 신청하여야 하고, 신청서를 제출받은 경찰서장은 지체 없이 관할 지방경찰청장에게 보내야 한다(경비업법 시행령 제4조 제3항).
1. 허가증을 잃어버린 경우에는 그 사유서
2. 허가증이 못쓰게 된 경우에는 그 허가증

(4) 경비업자의 폐업신고

경비업자는 폐업을 한 경우에는 폐업을 한 날부터 7일 이내에 폐업신고서에 허가증을 첨부하여 법인의 주사무소를 관할하는 지방경찰청장 또는 해당 지방경찰청 소속의 경찰서장에게 제출하여야 한다. 이 경우 폐업신고서를 제출받은 경찰서장은 지체 없이 관할 지방경찰청장에게 보내야 한다(경비업법 시행령 제5조 제1항).

(5) 경비업자의 휴업신고

경비업자는 휴업을 한 경우에는 휴업한 날부터 7일 이내에 휴업신고서를 법인의 주사무소를 관할하는 지방경찰청장 또는 해당 지방경찰청 소속의 경찰서장에게 제출하여야 하고, 휴업신고서를 제출받은 경찰서장은 지체 없이 관할 지방경찰청장에게 보내야 한다. 이 경우 휴업신고를 한 경비업자가 신고한 휴업기간이 끝나기 전에 영업을 다시 시작하거나 신고한 휴업기간을 연장하려는 경우에는 영업을 다시 시작한 후 7일 이내에 또는 신고한 휴업기간이 끝난 후 7일 이내에 영업재개신고서 또는 휴업기간연장신고서를 제출하여야 한다(경비업법 시행령 제5조 제2항).

(6) 법인의 주사무소나 출장소를 신설·이전 또는 폐지

경비업자가 법인의 주사무소나 출장소를 신설·이전 또는 폐지한 때에 신고를 하여야 하는 출장소는 주사무소 외의 장소로서 일상적으로 일정 지역안의 경비업무를 지휘·총괄하는 영업거점인 지점·지사 또는 사업소 등의 장소로 한다(경비업법 시행령 제5조 제3항).

(7) 법인의 신고기간

경비업법 제4조 제3항 제2호부터 제6호까지의 규정에 따른 신고는 그 사유가 발생한 날부터 30일 이내에 하여야 한다(경비업법 시행령 제5조 제5항).

3. 경비업 허가의 제한

누구든지 경비업법에 따른 허가를 받은 경비업체와 동일한 명칭으로 경비업 허가를 받을 수 없다(경비업법 제4조의2 제1항).

경비업법 제19조 제1항 제2호 및 제7호[5]의 사유로 경비업체의 허가가 취소된 경우 허가가

---

5) 경비업법 제19조(경비업 허가의 취소 등) ①허가관청은 경비업자가 다음 각 호의 어느 하나에 해당하는 때에는 그 허가를 취소하여야 한다.
　　1. 허위 그 밖의 부정한 방법으로 허가를 받은 때
　　2. 제7조 제5항의 규정에 위반하여 허가받은 경비업무외의 업무에 경비원을 종사하게 한 때
　　3. 제7조 제9항의 규정에 위반하여 경비업 및 경비관련업외의 영업을 한 때
　　4. 정당한 사유없이 허가를 받은 날부터 1년 이내에 경비 도급실적이 없거나 계속하여 1년 이상 휴업

취소된 날부터 10년이 지나지 아니한 때에는 누구든지 허가가 취소된 경비업체와 동일한 명칭으로 경비업 허가를 받을 수 없다(경비업법 제4조의2 제2항).

경비업법 제19조 제1항 제2호 및 제7호의 사유로 허가가 취소된 법인은 법인명 또는 임원의 변경에도 불구하고 허가가 취소된 날부터 5년이 지나지 아니한 때에는 경비업법에 따른 허가를 받을 수 없다(경비업법 제4조의2 제3항).

4. 경비업 허가의 유효기간과 허가갱신

(1) 경비업 허가의 유효기간

경비업법에 의한 경비업 허가의 유효기간은 허가받은 날부터 5년으로 한다(경비업법 제6조 제1항). 유효기간이 만료된 후 계속하여 경비업을 하고자 하는 법인은 행정자치부령이 정하는 바에 의하여 갱신허가를 받아야 한다(경비업법 제6조 제2항).

(2) 경비업 허가의 갱신

경비업법에 따라 경비업의 갱신허가를 받으려는 자는 허가의 유효기간 만료일 30일 전까지 별지 제2호서식의 경비업 갱신허가신청서(전자문서로 된 신청서를 포함한다)에 허가증 원본 및 정관(변경사항이 있는 경우만 해당한다)을 첨부하여 법인의 주사무소를 관할하는 지방경찰청장 또는 해당 지방경찰청 소속의 경찰서장에게 제출하여야 한다. 경비업 갱신허가신청서를 제출받은 경찰서장은 이를 지체 없이 관할지방경찰청장에게 보내야 한다(경비업법 시행규칙 제6조 제1항).

경비업 갱신허가신청서를 제출받은 지방경찰청장은 「전자정부법」 제36조 제1항에 따른 행정정보의 공동이용을 통하여 법인의 등기사항증명서를 확인하여야 한다(경비업법 시행규칙 제6조 제2항).

지방경찰청장은 경비업 갱신허가를 하는 때에는 유효기간이 만료되는 허가증을 회수한 후 별지 제3호서식의 허가증을 교부하여야 한다(경비업법 시행규칙 제6조 제3항).

한 때

5. 정당한 사유없이 최종 도급계약 종료일의 다음 날부터 1년 이내에 경비 도급실적이 없을 때

6. 영업정지처분을 받고 계속하여 영업을 한 때

7. 제15조의2 제2항을 위반하여 소속 경비원으로 하여금 경비업무의 범위를 벗어난 행위를 하게 한 때

Ⅱ 임원의 결격사유

다음 각호의 1에 해당하는 자는 경비업을 영위하는 법인(제4호에 해당하는 자의 경우에는 특수경비업무를 수행하는 법인을 말하고, 제5호에 해당하는 자의 경우에는 허가취소사유에 해당하는 경비업무와 동종의 경비업무를 수행하는 법인을 말한다)의 임원이 될 수 없다(경비업법 제5조).

1. 피성년후견인 또는 피한정후견인
2. 파산선고를 받고 복권되지 아니한 자
3. 금고 이상의 형의 선고를 받고 그 형이 실효되지 아니한 자
4. 경비업법 또는 「대통령 등의 경호에 관한 법률」에 위반하여 벌금형의 선고를 받고 3년 이 지나지 아니한 자
5. 경비업법(제19조 제1항 제2호 및 제7호는 제외한다) 또는 이 법에 의한 명령에 위반하 여 허가가 취소된 법인의 허가취소 당시의 임원이었던 자로서 그 취소 후 3년이 지나지 아니한 자
6. 제19조 제1항 제2호 및 제7호의 사유로 허가가 취소된 법인의 허가취소 당시의 임원이 었던 자로서 허가가 취소된 날부터 5년이 지나지 아니한 자

Ⅲ 경비업자의 의무

1. 경비업자의 경비범위와 타인의 자유와 권리 존중의무

경비업자는 경비대상시설의 소유자 또는 관리자(이하 "시설주"라 한다)의 관리권의 범위 안에서 경비업무를 수행하여야 하며, 다른 사람의 자유와 권리를 침해하거나 그의 정당한 활동에 간섭하여서는 아니된다(경비업법 제7조 제1항).

2. 성실한 업무 수행의무과 위법한 업무 거부의무

경비업자는 경비업무를 성실하게 수행하여야 하고, 도급을 의뢰받은 경비업무가 위법 또

는 부당한 것일 때에는 이를 거부하여야 한다(경비업법 제7조 제2항).

3. 불공정한 계약 금지의무

경비업자는 불공정한 계약으로 경비원의 권익을 침해하거나 경비업의 건전한 육성과 발전을 해치는 행위를 하여서는 아니된다(경비업법 제7조 제3항).

4. 직무상 비밀 누설금지의무

경비업자의 임·직원이거나 임·직원이었던 자는 다른 법률에 특별한 규정이 있는 경우를 제외하고는 그 직무상 알게 된 비밀을 누설하거나 다른 사람에게 제공하여 이용하도록 하는 등 부당한 목적을 위하여 사용하여서는 아니된다(경비업법 제7조 제4항).

5. 부당한 업무종사 금지의무

경비업자는 허가받은 경비업무외의 업무에 경비원을 종사하게 하여서는 아니된다(경비업법 제7조 제5항).

6. 집단민원현장의 경비지도사 선임 의무와 경비지도사의 직무

(1) 집단민원현장의 경비지도사 선임 의무

경비업자는 집단민원현장에 경비원을 배치하는 때에는 경비지도사를 선임하고 그 장소에 배치하여 행정자치부령으로 정하는 바에 따라 경비원을 지도·감독하게 하여야 한다(경비업법 제7조 제6항).[6]

---

6) 경비업법 시행규칙 제6조의2(집단민원현장에 선임·배치된 경비지도사의 직무) 경비업법 제7조 제6항에 따라 경비업자는 집단민원현장에 선임·배치된 경비지도사로 하여금 다음 각 호의 직무를 수행하도록 하여야 한다.
   1. 경비업법 제15조의2에 따른 경비원 등의 의무 위반행위 예방 및 제지
   2. 경비업법 제16조에 따른 경비원의 복장 착용 등에 대한 지도·감독
   3. 경비업법 제16조의2에 따른 경비원의 장비 휴대 및 사용에 대한 지도·감독
   4. 경비업법 제18조 제1항 단서에 따라 집단민원현장에 비치된 경비원 명부의 관리

(2) 집단민원현장에 선임·배치된 경비지도사의 직무

경비업자는 집단민원현장에 선임·배치된 경비지도사로 하여금 다음 각 호의 직무를 수행하도록 하여야 한다(경비업법 시행규칙 제6조의2).

1. 경비업법 제15조의2[7]에 따른 경비원 등의 의무 위반행위 예방 및 제지
2. 경비업법 제16조[8]에 따른 경비원의 복장 착용 등에 대한 지도·감독
3. 경비업법 제16조의2[9]에 따른 경비원의 장비 휴대 및 사용에 대한 지도·감독
4. 경비업법 제18조 제1항 단서[10]에 따라 집단민원현장에 비치된 경비원 명부의 관리

---

7) 경비업법 제15조의2(경비원 등의 의무) ①경비원은 직무를 수행함에 있어 타인에게 위력을 과시하거나 물리력을 행사하는 등 경비업무의 범위를 벗어난 행위를 하여서는 아니된다. ②누구든지 경비원으로 하여금 경비업무의 범위를 벗어난 행위를 하게 하여서는 아니된다.

8) 경비업법 제16조(경비원의 복장 등) ① 경비업자는 경찰공무원 또는 군인의 제복과 색상 및 디자인 등이 명확히 구별되는 소속 경비원의 복장을 정하고 이를 확인할 수 있는 사진을 첨부하여 주된 사무소를 관할하는 지방경찰청장에게 행정자치부령으로 정하는 바에 따라 신고하여야 한다. ② 경비업자는 경비업무 수행 시 경비원에게 소속 경비업체를 표시한 이름표를 부착하도록 하고, 제1항에 따라 신고된 동일한 복장을 착용하게 하여야 하며, 복장에 소속 회사를 오인할 수 있는 표시를 하거나 다른 회사의 복장을 착용하게 하여서는 아니 된다. 다만, 집단민원현장이 아닌 곳에서 신변보호업무를 수행하는 경우 또는 경비업무의 성격상 부득이한 사유가 있어 관할 경찰관서장이 허용하는 경우에는 그러하지 아니하다. ③ 지방경찰청장은 제1항에 따라 제출받은 사진을 검토한 후 경비업자에게 복장 변경 등에 대한 시정명령을 할 수 있다. ④ 제3항에 따른 시정명령을 받은 경비업자는 이를 이행하여야 하고, 지방경찰청장에게 행정자치부령으로 정하는 바에 따라 이행보고를 하여야 한다. ⑤ 그 밖에 경비원의 복장 등에 필요한 사항은 행정자치부령으로 정한다

9) 경비업법 제16조의2(경비원의 장비 등) ① 경비원이 휴대할 수 있는 장비의 종류는 경적·단봉·분사기 등 행정자치부령으로 정하되, 근무 중에만 이를 휴대할 수 있다. ② 경비업자가 경비원으로 하여금 분사기를 휴대하여 직무를 수행하게 하는 경우에는 「총포·도검·화약류 등 단속법」에 따라 미리 분사기의 소지허가를 받아야 한다. ③ 누구든지 제1항의 장비를 임의로 개조하여 통상의 용법과 달리 사용함으로써 다른 사람의 생명·신체에 위해를 가하여서는 아니 된다. ④ 경비원은 경비업무를 위하여 필요하다고 인정되는 상당한 이유가 있을 때에는 필요한 최소한도에서 제1항의 장비를 사용할 수 있다. ⑤ 그 밖에 경비원의 장비 등에 관하여 필요한 사항은 행정자치부령으로 정한다.

10) 경비업법 제18조(경비원의 명부와 배치허가 등) ①경비업자는 행정자치부령이 정하는 바에 따라 경비원의 명부를 작성·비치하여야 한다. 다만, 집단민원현장에 배치되는 일반경비원의 명부는 그 경비원이 배치되는 장소에도 작성·비치하여야 한다.

7. 특수경비업자의 경비대행업자 지정신고의무

특수경비업무를 수행하는 경비업자(이하 "특수경비업자"라 한다)는 제4조 제3항 제5호의 규정에 의한 특수경비업무의 개시신고를 하는 때에는 국가중요시설에 대한 특수경비업무의 수행이 중단되는 경우 시설주의 동의를 얻어 다른 특수경비업자중에서 경비업무를 대행할 자를 지정하여 허가관청에 신고하여야 한다. 경비대행업자의 지정을 변경하는 경우에도 또한 같다(경비업법 제7조 제7항).

8. 특수경비업자의 통보의무

특수경비업자는 국가중요시설에 대한 특수경비업무를 중단하게 되는 경우에는 미리 이를 제7항의 규정에 의한 경비대행업자에게 통보하여야 하며, 경비대행업자는 통보받은 즉시 그 경비업무를 인수하여야 한다. 이 경우 제7항의 규정은 경비대행업자에 대하여 이를 준용한다(경비업법 제7조 제8항).

9. 특수경비업자의 경비관련업의 영업금지의무

특수경비업자는 경비업법에 의한 경비업과 경비장비의 제조·설비·판매업, 네트워크를 활용한 정보산업, 시설물 유지관리업 및 경비원 교육업 등 대통령령이 정하는 경비관련업외의 영업을 하여서는 아니된다(경비업법 제7조 제9항).

(1) 특수경비업자가 할 수 있는 영업

경비업법(동법 제7조 제9항)에서 "경비장비의 제조·설비·판매업, 네트워크를 활용한 정보산업, 시설물 유지관리업 및 경비원 교육업 등 대통령령이 정하는 경비관련업"이란 다음 각 호의 영업을 말한다(경비업법 시행령 제7조의2 제1항).
1. 별표 1의2에 따른 영업
2. 제1호에 따른 영업에 부수되는 것으로서 경찰청장이 지정·고시하는 영업

[별표 1의2]

특수경비업자가 할 수 있는 영업 (제7조의2 제1항 관련)

분야	해당 영업
금속가공제품 제조업 (기계 및 가구 제외)	• 일반철물 제조업(자물쇠제조 등 경비 관련 제조업에 한정한다) • 금고 제조업
그 밖의 기계 및 장비제조업	• 분사기 및 소화기 제조업
전기장비 제조업	• 전기경보 및 신호장치 제조업
전자부품, 컴퓨터, 영상, 음향 및 통신장비 제조업	• 전자카드 제조업 • 통신 및 방송 장비 제조업 • 영상 및 음향기기 제조업
전문직별 공사업	• 소방시설 공사업 • 배관 및 냉 · 난방 공사업(소방시설 공사 등 방재 관련 공사에 한정한 다) • 내부 전기배선 공사업 • 내부 통신배선 공사업
도매 및 상품중개업	• 통신장비 및 부품 도매업
통신업	• 전기통신업
부동산업	• 부동산 관리업
컴퓨터 프로그래밍, 시스템 통합 및 관리업	• 컴퓨터 프로그래밍 서비스업 • 컴퓨터시스템 통합 자문, 구축 및 관리업
건축기술, 엔지니어링 및 관련기술 서비스업	• 건축설계 및 관련 서비스업(소방시설 설계 등 방재 관련 건축설계에 한정한다) • 건물 및 토목엔지니어링 서비스업(소방공사 감리 등 방재 관련 서비 스업에 한정한다)
사업시설 관리 및 조경 서비스업	• 사업시설 유지관리 서비스업 • 건물 산업설비 청소 및 방제 서비스업
사업지원 서비스업	• 인력공급 및 고용알선업 • 경비, 경호 및 탐정업
교육서비스업	• 직원훈련기관 • 그 밖의 기술 및 직업훈련학원(경비 관련 교육에 한정한다)
수리업	• 일반 기계 수리업 • 전기, 전자, 통신 및 정밀기기 수리업
창고 및 운송 관련 서비스업	• 주차장 운영업

(2) 특수경비업자가 할 수 있는 영업의 범위

특수경비업자가 할 수 있는 영업의 범위에 관하여는 경비업법 또는 경비업법 시행령에 특별한 규정이 있는 경우를 제외하고는 「통계법」에 따라 통계청장이 고시하는 한국표준산업분류표에 따른다(경비업법 시행령 제7조의2 제2항).

Ⅳ 경비업무 도급인 등의 의무

1. 무자격자에 대한 경비업무 도급 금지

누구든지 경비업법상의 경비업 허가를 받지 아니한 자에게 경비업무를 도급하여서는 아니 된다(경비업법 제7조의2 제1항).

2. 집단민원현장에 대한 직접 고용금지

누구든지 집단민원현장에 경비인력을 20명 이상 배치하려고 할 때에는 그 경비인력을 직접 고용하여서는 아니 되고, 경비업자에게 경비업무를 도급하여야 한다. 다만, 시설주 등이 집단민원현장 발생 3개월 전까지 직접 고용하여 경비업무를 수행하는 피고용인의 경우에는 그러하지 아니하다(경비업법 제7조의2 제2항).

3. 경비업무 도급인의 관여 금지와 무자격자 등의 범위

(1) 경비업무 도급인의 관여 금지

경비업무를 도급하는 자는 그 경비업무를 수급한 경비업자의 경비원 채용 시 무자격자나 부적격자 등을 채용하도록 관여하거나 영향력을 행사해서는 아니 된다(경비업법 제7조의2 제3항).

(2) 무자격자 및 부적격자 등의 범위

무자격자 및 부적격자의 구체적인 범위 등은 대통령령으로 정한다(경비업법 제7조의2 제4항). 다음 각 호의 경비업무를 도급하려는 자는 경비업법 제7조의2 제3항에 따라 다음 각 호의 구분에 해당하는 사람을 그 경비업무를 수급한 경비업자의 경비원으로 채용하도록 관여하거나 영향력을 행사해서는 아니된다(경비업법 시행령 제7조의3).

1. 시설경비업무, 신변보호업무(집단민원현장의 시설경비업무 또는 신변보호업무는 제외한다), 호송경비업무 또는 기계경비업무
   가. 경비업법 제10조 제1항에 따라 경비지도사 또는 일반경비원이 될 수 없는 사람
   나. 「아동·청소년의 성보호에 관한 법률」 제56조 제1항 제14호[11])에 따라 경비업무에 종사할 수 없는 사람

2. 특수경비업무
   가. 경비업법 제10조 제2항에 따라 특수경비원이 될 수 없는 사람
   나. 「아동·청소년의 성보호에 관한 법률」 제56조 제1항 제14호에 따라 경비업무에 종사할 수 없는 사람

3. 집단민원현장의 시설경비업무 또는 신변보호업무
   가. 경비업법 제10조 제1항에 따라 경비지도사 또는 일반경비원이 될 수 없는 사람
   나. 경비업법 제18조 제6항[12])에 따라 집단민원현장에 일반경비원으로 배치할 수 없는

---

11) 아동·청소년의 성보호에 관한 법률 제56조(아동·청소년 관련기관 등에의 취업제한 등) ① 아동·청소년대상 성범죄 또는 성인대상 성범죄(이하 "성범죄"라 한다)로 형 또는 치료감호를 선고받아 확정된 자(제11조 제5항에 따라 벌금형을 선고받은 자는 제외한다)는 그 형 또는 치료감호의 전부 또는 일부의 집행을 종료하거나 집행이 유예·면제된 날부터 10년 동안 다음 각 호에 따른 시설·기관 또는 사업장(이하 "아동·청소년 관련기관 등"이라 한다)을 운영하거나 아동·청소년 관련기관 등에 취업 또는 사실상 노무를 제공할 수 없다. 다만, 제10호 및 제14호 경우에는 경비업무에 종사하는 사람, 제12호의 경우에는 「의료법」 제2조의 의료인, 제18호의 경우에는 아동·청소년에게 직접교육서비스를 제공하는 사람에 한한다.
   …전호 생략…
   14. 「경비업법」 제2조 제1호의 경비업을 행하는 법인
12) 경비업법 제18조(경비원의 명부와 배치허가 등) ⑥ 경비업자는 다음 각 호의 어느 하나에 해당하는 죄를 범하여 벌금형을 선고받고 5년이 지나지 아니하거나 금고 이상의 형을 선고받고 그 집행이 유예된 날부터 5년이 지나지 아니한 자를 집단민원현장에 일반경비원으로 배치하여서는 아니 된다.
   1. 「형법」 제257조부터 제262조까지, 제264조, 제276조부터 제281조까지의 죄, 제284조의 죄, 제285조의 죄, 제320조의 죄, 제324조 제2항의 죄, 제350조의2의 죄, 제351조의 죄(제350조, 제350조의2

사람

다. 「아동·청소년의 성보호에 관한 법률」 제56조 제1항 제14호에 따라 경비업무에 종
   사할 수 없는 사람

의 상습범으로 한정한다), 제369조 제1항의 죄
2. 「폭력행위 등 처벌에 관한 법률」 제2조 또는 제3조의 죄

3

Chapter

기계경비업무

Ⅰ 기계경비업자의 대응체제

기계경비업무를 수행하는 경비업자는 경비대상시설에 관한 경보를 수신한 때에는 신속하게 그 사실을 확인하는 등 필요한 대응조치를 취하여야 하며, 이를 위한 대응체제를 갖추어야 한다(경비업법 제8조).

Ⅱ 기계경비업자의 오경보의 방지와 관련서류 비치

1. 기계경비업자의 오경보의 방지와 오작동 방지

기계경비업자는 경비계약을 체결하는 때에는 오경보를 막기 위하여 계약상대방에게 기기사용요령 및 기계경비운영체계 등에 관하여 설명하여야 하며, 각종 기기가 오작동되지 아니하도록 관리하여야 한다(경비업법 제9조 제1항).

2. 기계경비업자의 관련 서류의 작성과 비치

기계경비업자는 대응조치 등 업무의 원활한 운영과 개선을 위하여 대통령령이 정하는 바에 따라 관련 서류를 작성·비치하여야 한다(경비업법 제9조 제2항).

(1) 기계경비업자의 관리 서류

기계경비업자는 경비업법(제9조 제2항)에 의하여 출장소별로 다음 각호의 사항을 기재한 서류를 갖추어 두어야 한다(경비업법 시행령 제9조 제1항).

1. 경비대상시설의 명칭·소재지 및 경비계약기간

2. 기계경비지도사의 명단·배치일자·배치장소와 출동차량의 대수

3. 경보의 수신 및 현장도착 일시와 조치의 결과

4. 오경보인 경우 오경보가 발생한 경비대상시설 및 그 오경보에 대한 조치의 결과

(2) 기계경비업자의 관련 서류 보관기간

경보의 수신 및 현장도착 일시와 조치의 결과, 오경보인 경우 오경보가 발생한 경비대상시설 및 그 오경보에 대한 조치의 결과를 기재한 서류는 당해 경보를 수신한 날부터 1년간 이를 보관하여야 한다(경비업법 시행령 제9조 제2항).

4
Chapter

경비지도사 및 경비원

Ⅰ 경비지도사 및 경비원의 결격사유

경비업자는 결격사유에 해당하는 자를 경비지도사 또는 경비원으로 채용 또는 근무하게 하여서는 아니된다(경비업법 제10조 제3항).

1. 경비지도사 및 일반경비원의 결격사유

다음 각호의 1에 해당하는 자는 경비지도사 또는 일반경비원이 될 수 없다(경비업법 제10조 제1항).

1. 만 18세 미만인 자, 피성년후견인, 피한정후견인

2. 파산선고를 받고 복권되지 아니한 자

3. 금고 이상의 실형의 선고를 받고 그 집행이 종료(집행이 종료된 것으로 보는 경우를 포함한다)되거나 집행이 면제된 날부터 5년이 지나지 아니한 자

4. 금고 이상의 형의 집행유예선고를 받고 그 유예기간중에 있는 자

5. 다음 각 목의 어느 하나에 해당하는 죄를 범하여 벌금형을 선고받은 날부터 10년이 지나지 아니하거나 금고 이상의 형을 선고받고 그 집행이 종료된(종료된 것으로 보는 경우를 포함한다) 날 또는 집행이 유예·면제된 날부터 10년이 지나지 아니한 자

   가. 「형법」 제114조[13]의 죄

   나. 「폭력행위 등 처벌에 관한 법률」 제4조[14]의 죄

---

13) 형법 제114조(범죄단체 등의 조직) 사형, 무기 또는 장기 4년 이상의 징역에 해당하는 범죄를 목적으로 하는 단체 또는 집단을 조직하거나 이에 가입 또는 그 구성원으로 활동한 사람은 그 목적한 죄에 정한 형으로 처벌한다. 다만, 형을 감경할 수 있다.

다. 「형법」 제297조(강간죄), 제297조의2(유사강간죄), 제298조부터 제301조까지[15], 제301조의2(강간등 살인·치사)[16], 제302조(미성년자 등에 대한 간음)[17], 제303조

---

14) 폭력행위 등 처벌에 관한 법률 제4조(단체 등의 구성·활동) ① 이 법에 규정된 범죄를 목적으로 하는 단체 또는 집단을 구성하거나 그러한 단체 또는 집단에 가입하거나 그 구성원으로 활동한 사람은 다음 각 호의 구분에 따라 처벌한다.
1. 수괴(首魁): 사형, 무기 또는 10년 이상의 징역
2. 간부: 무기 또는 7년 이상의 징역
3. 수괴·간부 외의 사람: 2년 이상의 유기징역
② 제1항의 단체 또는 집단을 구성하거나 그러한 단체 또는 집단에 가입한 사람이 단체 또는 집단의 위력을 과시하거나 단체 또는 집단의 존속·유지를 위하여 다음 각 호의 어느 하나에 해당하는 죄를 범하였을 때에는 그 죄에 대한 형의 장기(長期) 및 단기(短期)의 2분의 1까지 가중한다
1. 「형법」에 따른 죄 중 다음 각 목의 죄
　가. 「형법」 제8장 공무방해에 관한 죄 중 제136조(공무집행방해), 제141조(공용서류 등의 무효, 공용물의 파괴)의 죄
　나. 「형법」 제24장 살인의 죄 중 제250조 제1항(살인), 제252조(촉탁, 승낙에 의한 살인 등), 제253조(위계 등에 의한 촉탁살인 등), 제255조(예비, 음모)의 죄
　다. 「형법」 제34장 신용, 업무와 경매에 관한 죄 중 제314조(업무방해), 제315조(경매, 입찰의 방해)의 죄
　라. 「형법」 제38장 절도와 강도의 죄 중 제333조(강도), 제334조(특수강도), 제335조(준강도), 제336조(인질강도), 제337조(강도상해, 치상), 제339조(강도강간), 제340조 제1항(해상강도)·제2항(해상강도상해 또는 치상), 제341조(상습범), 제343조(예비, 음모)의 죄
2. 제2조 또는 제3조의 죄(「형법」 각 해당 조항의 상습범, 특수범, 상습특수범을 포함한다)
③ 타인에게 제1항의 단체 또는 집단에 가입할 것을 강요하거나 권유한 사람은 2년 이상의 유기징역에 처한다. ④ 제1항의 단체 또는 집단을 구성하거나 그러한 단체 또는 집단에 가입하여 그 단체 또는 집단의 존속·유지를 위하여 금품을 모집한 사람은 3년 이상의 유기징역에 처한다.
15) 형법 제298조(강제추행) 폭행 또는 협박으로 사람에 대하여 추행을 한 자는 10년 이하의 징역 또는 1천500만원 이하의 벌금에 처한다.
제299조(준강간, 준강제추행) 사람의 심신상실 또는 항거불능의 상태를 이용하여 간음 또는 추행을 한 자는 제297조, 제297조의2 및 제298조의 예에 의한다.
제300조(미수범) 제297조, 제297조의2, 제298조 및 제299조의 미수범은 처벌한다.
제301조(강간 등 상해·치상) 제297조, 제297조의2 및 제298조부터 제300조까지의 죄를 범한 자가 사람을 상해하거나 상해에 이르게 한 때에는 무기 또는 5년 이상의 징역에 처한다.
16) 형법 제301조의2(강간등 살인·치사) 제297조, 제297조의2 및 제298조부터 제300조까지의 죄를 범한 자가 사람을 살해한 때에는 사형 또는 무기징역에 처한다. 사망에 이르게 한 때에는 무기 또는 10년 이상의 징역에 처한다.
17) 형법 제302조(미성년자 등에 대한 간음) 미성년자 또는 심신미약자에 대하여 위계 또는 위력으로써 간음 또는 추행을 한 자는 5년 이하의 징역에 처한다.

(업무상위력 등에 의한 간음)18), 제305조(미성년자에 대한 간음, 추행)19), 제305조
의2(상습범)20)의 죄

　라. 「성폭력범죄의 처벌 등에 관한 특례법」 제3조부터 제11조21)까지 및 제15조(제3조

---

18) 형법 제303조(업무상위력 등에 의한 간음) ①업무, 고용 기타 관계로 인하여 자기의 보호 또는 감독을
받는 사람에 대하여 위계 또는 위력으로써 간음한 자는 5년 이하의 징역 또는 1천500만원 이하의 벌
금에 처한다. ②법률에 의하여 구금된 사람을 감호하는 자가 그 사람을 간음한 때에는 7년 이하의 징
역에 처한다.

19) 형법 제305조(미성년자에 대한 간음, 추행) 13세 미만의 사람에 대하여 간음 또는 추행을 한 자는 제
297조, 제297조의2, 제298조, 제301조 또는 제301조의2의 예에 의한다.

20) 형법 제305조의2(상습범) 상습으로 제297조, 제297조의2, 제298조부터 제300조까지, 제302조, 제303
조 또는 제305조의 죄를 범한 자는 그 죄에 정한 형의 2분의 1까지 가중한다.

21) 성폭력범죄의 처벌 등에 관한 특례법 제3조(특수강도강간 등) ① 「형법」 제319조 제1항(주거침입),
제330조(야간주거침입절도), 제331조(특수절도) 또는 제342조(미수범. 다만, 제330조 및 제331조의
미수범으로 한정한다)의 죄를 범한 사람이 같은 법 제297조(강간), 제297조의2(유사강간), 제298조
(강제추행) 및 제299조(준강간, 준강제추행)의 죄를 범한 경우에는 무기징역 또는 5년 이상의 징역에
처한다. ② 「형법」 제334조(특수강도) 또는 제342조(미수범. 다만, 제334조의 미수범으로 한정한다)
의 죄를 범한 사람이 같은 법 제297조(강간), 제297조의2(유사강간), 제298조(강제추행) 및 제299조
(준강간, 준강제추행)의 죄를 범한 경우에는 사형, 무기징역 또는 10년 이상의 징역에 처한다.
　성폭력범죄의 처벌 등에 관한 특례법 제4조(특수강간 등) ① 흉기나 그 밖의 위험한 물건을 지닌 채
또는 2명 이상이 합동하여 「형법」 제297조(강간)의 죄를 범한 사람은 무기징역 또는 5년 이상의 징역
에 처한다. ② 제1항의 방법으로 「형법」 제298조(강제추행)의 죄를 범한 사람은 3년 이상의 유기징역
에 처한다. ③ 제1항의 방법으로 「형법」 제299조(준강간, 준강제추행)의 죄를 범한 사람은 제1항 또
는 제2항의 예에 따라 처벌한다.
　성폭력범죄의 처벌 등에 관한 특례법 제5조(친족관계에 의한 강간 등) ① 친족관계인 사람이 폭행 또
는 협박으로 사람을 강간한 경우에는 7년 이상의 유기징역에 처한다. ② 친족관계인 사람이 폭행 또
는 협박으로 사람을 강제추행한 경우에는 5년 이상의 유기징역에 처한다. ③ 친족관계인 사람이 사람
에 대하여 「형법」 제299조(준강간, 준강제추행)의 죄를 범한 경우에는 제1항 또는 제2항의 예에 따라
처벌한다.
　성폭력범죄의 처벌 등에 관한 특례법 제6조(장애인에 대한 강간 · 강제추행 등) ① 신체적인 또는 정
신적인 장애가 있는 사람에 대하여 「형법」 제297조(강간)의 죄를 범한 사람은 무기징역 또는 7년 이
상의 징역에 처한다. ② 신체적인 또는 정신적인 장애가 있는 사람에 대하여 폭행이나 협박으로 다음
각 호의 어느 하나에 해당하는 행위를 한 사람은 5년 이상의 유기징역에 처한다.
1. 구강 · 항문 등 신체(성기는 제외한다)의 내부에 성기를 넣는 행위
2. 성기 · 항문에 손가락 등 신체(성기는 제외한다)의 일부나 도구를 넣는 행위
③ 신체적인 또는 정신적인 장애가 있는 사람에 대하여 「형법」 제298조(강제추행)의 죄를 범한 사람
은 3년 이상의 유기징역 또는 2천만원 이상 5천만원 이하의 벌금에 처한다. ④ 신체적인 또는 정신적
인 장애로 항거불능 또는 항거곤란 상태에 있음을 이용하여 사람을 간음하거나 추행한 사람은 제1항

부터 제9조까지의 미수범만 해당한다)의 죄[22)]

_____

부터 제3항까지의 예에 따라 처벌한다. ⑤ 위계(僞計) 또는 위력(威力)으로써 신체적인 또는 정신적인 장애가 있는 사람을 간음한 사람은 5년 이상의 유기징역에 처한다. ⑥ 위계 또는 위력으로써 신체적인 또는 정신적인 장애가 있는 사람을 추행한 사람은 1년 이상의 유기징역 또는 1천만원 이상 3천만원 이하의 벌금에 처한다. ⑦ 장애인의 보호, 교육 등을 목적으로 하는 시설의 장 또는 종사자가 보호, 감독의 대상인 장애인에 대하여 제1항부터 제6항까지의 죄를 범한 경우에는 그 죄에 정한 형의 2분의 1까지 가중한다.

<u>성폭력범죄의 처벌 등에 관한 특례법 제7조(13세 미만의 미성년자에 대한 강간, 강제추행 등)</u> ① 13세 미만의 사람에 대하여 「형법」 제297조(강간)의 죄를 범한 사람은 무기징역 또는 10년 이상의 징역에 처한다. ② 13세 미만의 사람에 대하여 폭행이나 협박으로 다음 각 호의 어느 하나에 해당하는 행위를 한 사람은 7년 이상의 유기징역에 처한다.

1. 구강 · 항문 등 신체(성기는 제외한다)의 내부에 성기를 넣는 행위
2. 성기 · 항문에 손가락 등 신체(성기는 제외한다)의 일부나 도구를 넣는 행위

③ 13세 미만의 사람에 대하여 「형법」 제298조(강제추행)의 죄를 범한 사람은 5년 이상의 유기징역 또는 3천만원 이상 5천만원 이하의 벌금에 처한다. ④ 13세 미만의 사람에 대하여 「형법」 제299조(준강간, 준강제추행)의 죄를 범한 사람은 제1항부터 제3항까지의 예에 따라 처벌한다. ⑤ 위계 또는 위력으로써 13세 미만의 사람을 간음하거나 추행한 사람은 제1항부터 제3항까지의 예에 따라 처벌한다.

<u>성폭력범죄의 처벌 등에 관한 특례법 제8조(강간 등 상해 · 치상)</u> ① 제3조 제1항, 제4조, 제6조, 제7조 또는 제15조(제3조 제1항, 제4조, 제6조 또는 제7조의 미수범으로 한정한다)의 죄를 범한 사람이 다른 사람을 상해하거나 상해에 이르게 한 때에는 무기징역 또는 10년 이상의 징역에 처한다. ② 제5조 또는 제15조(제5조의 미수범으로 한정한다)의 죄를 범한 사람이 다른 사람을 상해하거나 상해에 이르게 한 때에는 무기징역 또는 7년 이상의 징역에 처한다.

<u>성폭력범죄의 처벌 등에 관한 특례법 제9조(강간 등 살인 · 치사)</u> ① 제3조부터 제7조까지, 제15조(제3조부터 제7조까지의 미수범으로 한정한다)의 죄 또는 「형법」 제297조(강간), 제297조의2(유사강간) 및 제298조(강제추행)부터 제300조(미수범)까지의 죄를 범한 사람이 다른 사람을 살해한 때에는 사형 또는 무기징역에 처한다. ② 제4조, 제5조 또는 제15조(제4조 또는 제5조의 미수범으로 한정한다)의 죄를 범한 사람이 다른 사람을 사망에 이르게 한 때에는 무기징역 또는 10년 이상의 징역에 처한다. ③ 제6조, 제7조 또는 제15조(제6조 또는 제7조의 미수범으로 한정한다)의 죄를 범한 사람이 다른 사람을 사망에 이르게 한 때에는 사형, 무기징역 또는 10년 이상의 징역에 처한다.

<u>성폭력범죄의 처벌 등에 관한 특례법 제10조(업무상 위력 등에 의한 추행)</u> ① 업무, 고용이나 그 밖의 관계로 인하여 자기의 보호, 감독을 받는 사람에 대하여 위계 또는 위력으로 추행한 사람은 2년 이하의 징역 또는 500만원 이하의 벌금에 처한다. ② 법률에 따라 구금된 사람을 감호하는 사람이 그 사람을 추행한 때에는 3년 이하의 징역 또는 1천500만원 이하의 벌금에 처한다.

<u>성폭력범죄의 처벌 등에 관한 특례법 제11조(공중 밀집 장소에서의 추행)</u> 대중교통수단, 공연 · 집회 장소, 그 밖에 공중(公衆)이 밀집하는 장소에서 사람을 추행한 사람은 1년 이하의 징역 또는 300만원 이하의 벌금에 처한다.

22) 성폭력범죄의 처벌 등에 관한 특례법 제15조(미수범) 제3조부터 제9조까지 및 제14조의 미수범은 처

마. 「아동 · 청소년의 성보호에 관한 법률」 제7조23) 및 제8조24)의 죄

바. 다목부터 마목까지의 죄로서 다른 법률에 따라 가중처벌되는 죄

6. 다음 각 목의 어느 하나에 해당하는 죄를 범하여 벌금형을 선고받은 날부터 5년이 지나지 아니하거나 금고 이상의 형을 선고받고 그 집행이 유예된 날부터 5년이 지나지 아니한 자

가. 「형법」 제329조부터 제331조25)까지, 제331조의2(자동차등 불법사용)26) 및 제332조부터 제343조27)까지의 죄

벌한다.

23) 아동 · 청소년의 성보호에 관한 법률 제7조(아동 · 청소년에 대한 강간 · 강제추행 등) ① 폭행 또는 협박으로 아동 · 청소년을 강간한 사람은 무기징역 또는 5년 이상의 유기징역에 처한다. ② 아동 · 청소년에 대하여 폭행이나 협박으로 다음 각 호의 어느 하나에 해당하는 행위를 한 자는 5년 이상의 유기징역에 처한다.

1. 구강 · 항문 등 신체(성기는 제외한다)의 내부에 성기를 넣는 행위

2. 성기 · 항문에 손가락 등 신체(성기는 제외한다)의 일부나 도구를 넣는 행위

③ 아동 · 청소년에 대하여 「형법」 제298조의 죄를 범한 자는 2년 이상의 유기징역 또는 1천만원 이상 3천만 원 이하의 벌금에 처한다. ④ 아동 · 청소년에 대하여 「형법」 제299조의 죄를 범한 자는 제1항부터 제3항까지의 예에 따른다. ⑤ 위계(僞計) 또는 위력으로써 아동 · 청소년을 간음하거나 아동 · 청소년을 추행한 자는 제1항부터 제3항까지의 예에 따른다. ⑥ 제1항부터 제5항까지의 미수범은 처벌한다.

24) 아동 · 청소년의 성보호에 관한 법률 제8조(장애인인 아동 · 청소년에 대한 간음 등) ① 19세 이상의 사람이 장애 아동 · 청소년(「장애인복지법」 제2조 제1항에 따른 장애인으로서 신체적인 또는 정신적인 장애로 사물을 변별하거나 의사를 결정할 능력이 미약한 13세 이상의 아동 · 청소년을 말한다. 이하 이 조에서 같다)을 간음하거나 장애 아동 · 청소년으로 하여금 다른 사람을 간음하게 하는 경우에는 3년 이상의 유기징역에 처한다. ② 19세 이상의 사람이 장애 아동 · 청소년을 추행한 경우 또는 장애 아동 · 청소년으로 하여금 다른 사람을 추행하게 하는 경우에는 10년 이하의 징역 또는 1천500만 원 이하의 벌금에 처한다.

25) 형법 제329조(절도) 타인의 재물을 절취한 자는 6년 이하의 징역 또는 1천만원 이하의 벌금에 처한다.
형법 제330조(야간주거침입절도) 야간에 사람의 주거, 간수하는 저택, 건조물이나 선박 또는 점유하는 방실에 침입하여 타인의 재물을 절취한 자는 10년 이하의 징역에 처한다.
형법 제331조(특수절도) ①야간에 문호 또는 장벽 기타 건조물의 일부를 손괴하고 전조의 장소에 침입하여 타인의 재물을 절취한 자는 1년 이상 10년 이하의 징역에 처한다. ②흉기를 휴대하거나 2인 이상이 합동하여 타인의 재물을 절취한 자도 전항의 형과 같다.

26) 형법 제331조의2(자동차등 불법사용) 권리자의 동의없이 타인의 자동차, 선박, 항공기 또는 원동기장치자전차를 일시 사용한 자는 3년 이하의 징역, 500만원 이하의 벌금, 구류 또는 과료에 처한다.

27) 형법 제332조(상습범) 상습으로 제329조 내지 제331조의2의 죄를 범한 자는 그 죄에 정한 형의 2분의 1까지 가중한다.

나. 가목의 죄로서 다른 법률에 따라 가중처벌되는 죄

7. 제5호 다목부터 바목까지의 어느 하나에 해당하는 죄를 범하여 치료감호를 선고받고 그 집행이 종료된 날 또는 집행이 면제된 날부터 10년이 지나지 아니한 자 또는 제6호 각 목의 어느 하나에 해당하는 죄를 범하여 치료감호를 선고받고 그 집행이 면제된 날부터 5년이 지나지 아니한 자

8. 경비업법이나 경비업법에 따른 명령을 위반하여 벌금형을 선고받은 날부터 5년이 지나지 아니하거나 금고 이상의 형을 선고받고 그 집행이 유예된 날부터 5년이 지나지 아니한 자

제333조(강도) 폭행 또는 협박으로 타인의 재물을 강취하거나 기타 재산상의 이익을 취득하거나 제 삼자로 하여금 이를 취득하게 한 자는 3년 이상의 유기징역에 처한다.

제334조(특수강도) ①야간에 사람의 주거, 관리하는 건조물, 선박이나 항공기 또는 점유하는 방실에 침입하여 제333조의 죄를 범한 자는 무기 또는 5년 이상의 징역에 처한다. ②흉기를 휴대하거나 2인 이상이 합동하여 전조의 죄를 범한 자도 전항의 형과 같다.

제335조(준강도) 절도가 재물의 탈환을 항거하거나 체포를 면탈하거나 죄적을 인멸할 목적으로 폭행 또는 협박을 가한 때에는 전2조의 예에 의한다.

제336조(인질강도) 사람을 체포·감금·약취 또는 유인하여 이를 인질로 삼아 재물 또는 재산상의 이익을 취득하거나 제3자로 하여금 이를 취득하게 한 자는 3년 이상의 유기징역에 처한다.

제337조(강도상해, 치상) 강도가 사람을 상해하거나 상해에 이르게 한때에는 무기 또는 7년 이상의 징역에 처한다.

제338조(강도살인·치사) 강도가 사람을 살해한 때에는 사형 또는 무기징역에 처한다. 사망에 이르게 한 때에는 무기 또는 10년 이상의 징역에 처한다.

제339조(강도강간) 강도가 사람을 강간한 때에는 무기 또는 10년 이상의 징역에 처한다.

제340조(해상강도) ①다중의 위력으로 해상에서 선박을 강취하거나 선박내에 침입하여 타인의 재물을 강취한 자는 무기 또는 7년 이상의 징역에 처한다. ②제1항의 죄를 범한 자가 사람을 상해하거나 상해에 이르게 한때에는 무기 또는 10년 이상의 징역에 처한다. ③제1항의 죄를 범한 자가 사람을 살해 또는 사망에 이르게 하거나 강간한 때에는 사형 또는 무기징역에 처한다.

제341조(상습범) 상습으로 제333조, 제334조, 제336조 또는 전조 제1항의 죄를 범한 자는 무기 또는 10년 이상의 징역에 처한다.

제342조(미수범) 제329조 내지 제341조의 미수범은 처벌한다.

제343조(예비, 음모) 강도할 목적으로 예비 또는 음모한 자는 7년 이하의 징역에 처한다.

2. 특수경비원의 결격사유

(1) 특수경비원의 결격사유

다음 각 호의 어느 하나에 해당하는 자는 특수경비원이 될 수 없다(경비업법 제10조 제2항).

1. 만 18세 미만 또는 만 60세 이상인 자, 피성년후견인, 피한정후견인
2. 제1항 제2호부터 제8호까지의 어느 하나에 해당하는 자
3. 금고 이상의 형의 선고유예를 받고 그 유예기간중에 있는 자
4. 행정자치부령이 정하는 신체조건에 미달되는 자

(2) 특수경비원의 신체조건

경비업법(제10조 제2항 제4호)에서 "행정자치부령이 정하는 신체조건"이라 함은 팔과 다리가 완전하고 두 눈의 맨눈시력 각각 0.2 이상 또는 교정시력 각각 0.8 이상을 말한다(경비업법 시행규칙 제7조).

Ⅱ 경비지도사의 시험과 교육

경비지도사는 경비업법상의 결격사유에 해당하지 아니하는 자로서 경찰청장이 시행하는 경비지도사시험에 합격하고 행정자치부령이 정하는 교육을 받은 자이어야 한다(경비업법 제11조 제1항).

1. 경비지도사 시험

경비지도사시험의 시험과목, 시험공고, 시험의 일부가 면제되는 자의 범위 그 밖에 경비지도사시험에 관하여 필요한 사항은 대통령령으로 정한다(경비업법 제11조 제3항).

(1) 경비지도사시험의 실시계획

경찰청장은 경비지도사의 수급상황을 조사하여 경비지도사를 새로이 선발할 필요가 있다

고 인정되는 때에는 경비지도사시험의 실시계획을 수립하여야 한다(경비업법 시행령 제11 조 제1항).

(2) 경비지도사시험의 공고와 공고방법

경찰청장은 경비지도사시험의 실시계획에 따라 시험을 실시하고자 하는 때에는 응시자격 · 시험과목 · 시험일시 · 시험장소 및 선발예정인원 등을 시험시행일 90일 전까지 공고하여야 한다(경비업법 시행령 제11조 제2항). 경비지도사시험의 공고는 관보게재와 각 지방경찰청 게시판 및 인터넷 홈페이지에 게시하는 방법에 의한다(경비업법 시행령 제11조 제3항).

(3) 경비지도사 시험의 방법

시험은 필기시험의 방법에 의하되, 제1차시험과 제2차시험으로 구분하여 실시한다. 이 경우 경찰청장이 필요하다고 인정하는 때에는 제1차시험과 제2차시험을 병합하여 실시할 수 있다(경비업법 시행령 제12조 제1항). 제1차시험 및 제2차시험은 각각 선택형으로 하되, 제2차시험에 있어서는 선택형 외에 단답형을 추가할 수 있다(경비업법 시행령 제12조 제2항).

제2차시험은 제1차시험에 합격한 자에 대하여 실시한다. 다만, 제1항 후단의 규정에 의하여 제1차시험과 제2차시험을 병합하여 실시하는 경우에는 그러하지 아니하다(경비업법 시행령 제12조 제4항). 제1차시험과 제2차시험을 병합하여 실시하는 경우에는 제1차시험에 불합격한 자가 치른 제2차시험은 이를 무효로 한다(경비업법 시행령 제12조 제5항).

제1차시험에 합격한 자에 대하여는 다음 회의 시험에 한하여 제1차 시험을 면제한다(경비업법 시행령 제12조 제6항).

(4) 경비지도사 시험 과목

경비지도사 제1차시험 및 제2차시험의 과목은 별표 2와 같다(경비업법 시행령 제12조 제3항).

[별표 2] 〈개정 2003.11.11〉

경비지도사의 시험과목 (제12조 제3항관련)

구분	1차시험	2차시험
	선택형	선택형 또는 단답형
일반경비지도사	○ 법학개론 ○ 민간경비론	○ 경비업법(청원경찰법을 포함한다) ○ 소방학 · 범죄학 또는 경호학 중 1과목
기계경비지도사		○ 경비업법(청원경찰법을 포함한다) ○ 기계경비개론 또는 기계경비기획 및 설계 중 1과목

(5) 시험의 일부면제

경비업법에 따라 다음 각 호의 어느 하나에 해당하는 사람은 경비지도사 제1차 시험을 면제한다(경비업법 시행령 제13조).

1. 「경찰공무원법」에 따른 경찰공무원으로 7년 이상 재직한 사람
2. 「대통령 등의 경호에 관한 법률」에 따른 경호공무원 또는 별정직공무원으로 7년 이상 재직한 사람
3. 「군인사법」에 따른 각 군 전투병과 또는 헌병병과 부사관 이상 간부로 7년 이상 재직한 사람
4. 「경비업법」에 따른 경비업무에 7년 이상(특수경비업무의 경우에는 3년 이상) 종사하고 행정자치부령으로 정하는 교육과정을 이수한 사람
5. 「고등교육법」에 따른 대학 이상의 학교를 졸업한 사람으로서 재학 중 제12조 제3항에 따른 경비지도사 시험과목을 3과목 이상을 이수하고 졸업한 후 경비업무에 종사한 경력이 3년 이상인 사람
6. 「고등교육법」에 따른 전문대학을 졸업한 사람으로서 재학 중 제12조 제3항에 따른 경비지도사 시험과목을 3과목 이상을 이수하고 졸업한 후 경비업무에 종사한 경력이 5년 이상인 사람
7. 일반경비지도사의 자격을 취득한 후 기계경비지도사의 시험에 응시하는 사람 또는 기계경비지도사의 자격을 취득한 후 일반경비지도사의 시험에 응시하는 사람
8. 「공무원임용령」에 따른 행정직군 교정직렬 공무원으로 7년 이상 재직한 사람

(6) 시험합격자의 결정

제1차시험의 합격결정에 있어서는 매 과목 100점을 만점으로 하며, 매과목 40점 이상, 전 과목 평균 60점 이상 득점한 자를 합격자로 결정한다(경비업법 시행령 제14조 제1항).

제2차시험의 합격결정에 있어서는 선발예정인원의 범위안에서 60점 이상을 득점한 자중에서 고득점 순으로 합격자를 결정한다. 이 경우 동점자로 인하여 선발예정인원이 초과되는 때에는 동점자 모두를 합격자로 한다(경비업법 시행령 제14조 제2항).

경찰청장은 제2차시험에 합격한 자에 대하여 합격공고를 하고, 합격 및 교육소집 통지서를 교부하여야 한다(경비업법 시행령 제14조 제3항).

(7) 시험출제위원의 임명·위촉 등

경찰청장은 시험문제의 출제를 위하여 다음 각호의 1에 해당하는 자중에서 시험출제위원을 임명 또는 위촉한다(경비업법 시행령 제15조 제1항).

1. 고등교육법에 의한 전문대학 이상의 교육기관에서 경찰행정학과 등 경비업무 관련학과 및 법학과의 부교수(전문대학의 경우에는 교수) 이상으로 재직하고 있는 자
2. 석사 이상의 학위소지자로 경찰청장이 정하는 바에 의하여 경비업무에 관한 연구실적 이나 전문경력이 인정되는 자
3. 방범·경비업무를 3년 이상 담당한 경감 이상 경찰공무원의 경력이 있는 자

시험출제위원의 수는 시험과목별로 2인 이상으로 한다(경비업법 시행령 제15조 제2항). 시험출제위원으로 임명 또는 위촉된 자는 경찰청장이 정하는 준수사항을 성실히 이행하여야 한다. 시험출제위원과 시험관리업무에 종사하는 자에 대하여는 예산의 범위안에서 수당과 여비를 지급할 수 있다. 다만, 공무원인 위원이 그 소관업무와 직접적으로 관련하여 시험관리업무에 종사하는 경우에는 그러하지 아니하다.

2. 경비지도사에 대한 교육과 자격증 교부

(1) 경비지도사에 대한 교육

경비업법에서 "행정자치부령이 정하는 교육"이라 함은 경비지도사에 대한 별표 1의 규정에 의한 과목 및 시간의 교육을 말한다(경비업법 시행규칙 제9조 제1항). 교육에 소요되는 비용은 경비지도사의 교육을 받는 자의 부담으로 한다(경비업법 시행규칙 제9조 제2항).

[별표 1] 〈개정 2011.1.26〉

경비지도사 교육의 과목 및 시간 (제9조 제1항관련)

구분 (교육시간)	과목		시간
공통교육 (28시간)	「경비업법」		4
	「경찰관직무집행법」 및 「청원경찰법」		3
	테러 대응요령		3
	화재대처법		2
	응급처치법		3
	분사기 사용법		2
	교육기법		2
	예절 및 인권교육		2
	체포·호신술		3
	입교식·평가·수료식		4
자격의 종류별 교육 (16시간)	일반경비 지도사	시설경비	2
		호송경비	2
		신변보호	2
		특수경비	2
		기계경비개론	3
		일반경비현장실습	5
	기계경비 지도사	기계경비운용관리	4
		기계경비기획및설계	4
		인력경비개론	3
		기계경비현장실습	5
계			44

비고: 일반경비지도사 자격증 취득자 또는 기계경비지도사 자격증 취득자가 자격증 취득일부터 3년 이내에 기계경비지도사 또는 일반경비지도사 시험에 합격하여 교육을 받을 경우에는 공통교육은 면제한다.

(2) 경비지도사자격증의 교부

경찰청장은 경비지도사 교육을 받은 자에게 행정자치부령이 정하는 바에 따라 경비지도사자격증을 교부하여야 한다(경비업법 제11조 제2항). 경비지도사시험에 합격하고 경비지도사 교육을 받은 자에 대하여는 별지 제9호서식의 경비지도사자격증 교부대장에 소정의 사항을 기재한 후, 별지 제10호서식의 경비지도사 자격증을 교부하여야 한다(경비업법 시행규칙 제11조).

■ 경비업법 시행규칙 [별지 제10호서식] 〈개정 2014.6.5〉

(앞쪽)

```
제  호
          경비지도사 자격증
            (자 격 종 별)
성    명 :
                                    사진
생 년 월 일 :
자 격 취 득 일 :

위의 사람은 「경비업법」 제11조에 따른 경비지도사 자격이 있음을
증명합니다.
            ( 발 급 일 )
        경 찰 청 장      직인
```

54㎜×84㎜ [PVC(비닐)]

(뒤쪽)

```
              유 의 사 항

1. 다른 사람에게 대여하거나 목적 외 사용을 할 수 없습니다.

2. 자격이 정지된 때에는 그 정지기간 동안 자격증을 경찰관서에
   반납하셔야 합니다.

3. 자격이 취소된 때에는 자격증을 경찰관서에 반납하셔야 합니다.
```

Ⅲ 경비지도사의 선임 등

1. 경비지도사의 선임과 배치

경비업자는 대통령령이 정하는 바에 따라 경비지도사를 선임하여야 한다(경비업법 제12조 제1항).

경비업자는 경비업법의 규정에 의하여 별표 3의 기준에 따라 경비지도사를 선임·배치하여야 한다(경비업법 시행령 제16조 제1항). 경비업자는 선임·배치된 경비지도사에 결원이 있거나 자격정지 등의 사유로 그 직무를 수행할 수 없는 때에는 15일 이내에 경비지도사를 새로이 충원하여야 한다(경비업법 시행령 제16조 제2항).

[별표 3] 〈개정 2003.11.11〉

경비지도사의 선임·배치기준 (제16조 제1항 관련)

1. 일반경비지도사

   시설경비업·호송경비업·신변보호업 및 특수경비업에 한하여 선임·배치할 것

   가. 경비원을 배치하여 영업활동을 하고 있는 지역을 관할하는 지방경찰청의 관할구역별로 경비원 200인까지는 일반경비지도사 1인씩 선임·배치하되, 200인을 초과하는 100인까지마다 1인씩을 추가로 선임·배치할 것. 다만,특수경비업의 경우는 제19조 제1항의 규정에 의한 특수경비원 교육을 이수한 일반경비지도사를 선임·배치할 것

   나. 시설경비업·호송경비업·신변보호업 및 특수경비업 가운데 2 이상의 경비업을 하는 경우 경비지도사의 배치는 각 경비업에 종사하는 경비원의 수를 합산한 인원을 기준으로 할 것

2. 기계경비지도사

   가. 기계경비업에 한하여 선임·배치할 것

   나. 선임·배치기준은 제1호 가목의 규정에 의한 일반경비지도사의 선임·배치 기준과 동일하게 할 것

3. 경비지도사가 선임·배치된 지방경찰청의 관할구역에 인접하는 지방경찰청의 관할구역에 배치되는 경비원이 30인 이하인 경우에는 제1호 가목 및 제2호 나목의 규정에 불구하고 경비지도사를 따로 선임·배치하지 아니할 수 있다. 이 경우 인천지방경찰청은 서울지방경찰청과 인접한 것으로 본다.

---

2. 경비지도사의 직무

경비업법 규정에 의하여 선임된 경비지도사의 직무는 다음과 같다(경비업법 제12조 제2항).

1. 경비원의 지도 · 감독 · 교육에 관한 계획의 수립 · 실시 및 그 기록의 유지
2. 경비현장에 배치된 경비원에 대한 순회점검 및 감독
3. 경찰기관 및 소방기관과의 연락방법에 대한 지도
4. 집단민원현장에 배치된 경비원에 대한 지도 · 감독
5. 그 밖에 대통령령이 정하는 직무[28]

3. 경비지도사의 성실한 직무수행

선임된 경비지도사는 직무를 성실하게 수행하여야 한다(경비업법 제12조 제3항).

경비지도사는 경비업법 제12조 제3항에 따라 같은 조 제2항 제1호 · 제2호의 직무 및 제1항 각 호의 직무를 월 1회 이상 수행하여야 한다(경비업법 시행령 제17조 제2항). 경비지도사는 경비업법에 따라 경비원에 대한 교육을 실시하고, 행정자치부령으로 정하는 경비원 직무교육 실시대장에 그 내용을 기록하여 2년간 보존하여야 한다(경비업법 시행령 제17조 제3항).

Ⅳ   경비원의 교육

경비업자는 경비업무를 적정하게 실시하기 위하여 경비원으로 하여금 대통령령으로 정하는 바에 따라 경비원 신임교육 및 직무교육을 받게 하여야 한다. 다만, 경비업자는 대통령령으로 정하는 경력 또는 자격을 갖춘 일반경비원을 신임교육 대상에서 제외할 수 있다(경비업법 제13조 제1항).

경비원이 되려는 사람은 대통령령[29]으로 정하는 교육기관에서 미리 일반경비원 신임교육

---

28) 경비업법 제12조 제2항 제5호에서 "대통령령이 정하는 직무"란 다음 각 호의 직무를 말한다(경비업법 시행령 제17조 제1항).
   1. 기계경비업무를 위한 기계장치의 운용 · 감독(기계경비지도사의 경우에 한한다)
   2. 오경보방지 등을 위한 기기관리의 감독(기계경비지도사의 경우에 한한다)
29) 경비업법 제13조 제2항에서 "대통령령으로 정하는 교육기관"이란 제18조 제1항 각 호의 기관 또는 단체를 말한다(경비업법 시행령 제18조 제4항).

을 받을 수 있다(경비업법 제13조 제2항).

1. 일반경비원에 대한 신임교육

경비업자는 일반경비원을 채용한 경우 해당 일반경비원에게 경비업자의 부담으로 다음 각 호의 기관 또는 단체에서 실시하는 일반경비원 신임교육을 받도록 하여야 한다(경비업법 시행령 제18조 제1항).

1. 경비업법 제22조 제1항에 따른 경비협회
2. 「경찰공무원 교육훈련규정」 제2조 제3호에 따른 경찰교육기관
3. 경비업무 관련 학과가 개설된 대학 등 경비원에 대한 교육을 전문적으로 수행할 수 있는 인력과 시설을 갖춘 기관 또는 단체 중 경찰청장이 지정하여 고시하는 기관 또는 단체

신임교육의 과목 및 시간 등 일반경비원의 교육 실시에 필요한 사항은 행정자치부령으로 정한다(경비업법 시행령 제18조 제5항).

[별표 2] 〈개정 2014.12.10.〉

일반경비원 신임교육의 과목 및 시간 (제12조 제1항 관련)

구분 (교육시간)	과목	시간
이론교육 (4시간)	「경비업법」	2
	범죄예방론(신고 및 순찰요령을 포함한다)	2
실무교육 (19시간)	시설경비실무(신고 및 순찰요령, 관찰·기록기법을 포함한다)	2
	호송경비실무	2
	신변보호실무	2
	기계경비실무	2
	사고예방대책(테러 대응요령, 화재대처법 및 응급처치법을 포함한다)	3
	체포·호신술(질문·검색요령을 포함한다)	3
	장비사용법	2
	직업윤리 및 서비스(예절 및 인권교육을 포함한다)	3
기타(1시간)	입교식, 평가 및 수료식	1
계		24

(1) 일반경비원에 대한 신임교육 제외 대상

경비업자는 경비업법(제13조 제1항 단서)에 따라 다음 각 호의 어느 하나에 해당하는 사람을 일반경비원으로 채용한 경우에는 해당 일반경비원을 일반경비원 신임교육 대상에서 제외할 수 있다(경비업법 시행령 제18조 제2항).

1. 경비업법 제13조 제1항 본문 및 같은 조 제3항에 따른 일반경비원 또는 특수경비원 신임교육을 받은 사람으로서 채용 전 3년 이내에 경비업무에 종사한 경력이 있는 사람
2. 「경찰공무원법」에 따른 경찰공무원으로 근무한 경력이 있는 사람
3. 「대통령 등의 경호에 관한 법률」에 따른 경호공무원 또는 별정직공무원으로 근무한 경력이 있는 사람
4. 「군인사법」에 따른 부사관 이상으로 근무한 경력이 있는 사람
5. 경비지도사 자격이 있는 사람
6. 채용 당시 경비업법 제13조 제2항에 따른 일반경비원 신임교육을 받은 지 3년이 지나지 아니한 사람

(2) 일반경비원에 대한 직무교육

경비업자는 경비업법(제13조 제1항)에 따라 소속 일반경비원에게 선임한 경비지도사가 수립한 교육계획에 따라 매월 행정자치부령으로 정하는 시간 이상의 직무교육을 받도록 하여야 한다(경비업법 시행령 제18조 제3항).

일반경비원에 대한 직무교육의 시간은 매월 4시간이고(경비업법 시행규칙 제13조 제1항), 일반경비원에 대한 직무교육의 과목은 일반경비원의 직무수행에 필요한 이론·실무과목, 그 밖에 정신교양 등으로 한다(경비업법 시행규칙 제13조 제2항).

2. 특수경비원에 대한 교육

특수경비업자는 대통령령으로 정하는 바에 따라 특수경비원으로 하여금 특수경비원 신임교육과 정기적인 직무교육을 받게 하여야 하고, 특수경비원 신임교육을 받지 아니한 자를 특수경비업무에 종사하게 하여서는 아니 된다(경비업법 제13조 제3항).

특수경비원의 교육시 관할경찰서 소속 경찰공무원이 교육기관에 입회하여 대통령령이 정하는 바에 따라 지도·감독하여야 한다(경비업법 제13조 제4항).

(1) 특수경비원에 대한 교육과 교육기관

특수경비업자는 특수경비원을 채용한 경우 경비업법(제13조 제3항)에 따라 해당 특수경비원에게 특수경비업자의 부담으로 아래의 기관 또는 단체에서 실시하는 특수경비원 신임교육을 받도록 하여야 한다(경비업법 시행령 제19조 제1항).

1. 「경찰공무원 교육훈련규정」 제2조 제3호[30])에 따른 경찰교육기관
2. 행정자치부령으로 정하는 기준에 적합한 기관 또는 단체 중 경찰청장이 지정하여 고시하는 기관 또는 단체

특수경비업자는 채용 전 3년 이내에 특수경비업무에 종사하였던 경력이 있는 사람을 특수경비원으로 채용한 경우에는 해당 특수경비원을 특수경비원 신임교육 대상에서 제외할 수있다(경비업법 시행령 제19조 제2항).

(2) 특수경비원에 대한 신임교육의 실시

특수경비원 신임교육의 과정을 개설하고자 하는 기관 또는 단체는 별표 3의 규정에 의한 시설 등을 갖추고 경찰청장에게 지정을 요청하여야 한다(경비업법 시행규칙 제14조 제1항).

경찰청장은 교육과정을 개설하고자 하는 기관 또는 단체가 동항의 규정에 의한 지정을 요청한 때에는 별표 3의 규정에 의한 기준에 적합한 지의 여부를 확인한 후 그 기준에 적합한 경우 이를 특수경비원 신임교육을 실시할 수 있는 기관 또는 단체로 지정할 수 있다(경비업법 시행규칙 제14조 제2항).

특수경비원 신임교육기관 지정을 받은 기관 또는 단체는 신임교육의 과정에서 필요한 경우에는 관할 경찰관서장에게 경찰관서 시설물의 이용이나 전문적인 소양을 갖춘 경찰관의 파견을 요청할 수 있다(경비업법 시행규칙 제14조 제3항).

---

30) 경찰공무원 교육훈련규정 제2조(정의) 이 영에서 사용하는 용어의 뜻은 다음과 같다. 3. "학교교육"이란 경찰대학·경찰교육원·중앙경찰학교·경찰수사연수원 및 해양경비안전교육원에서 실시하는 교육을 말한다.

[별표 3] 〈개정 2006.2.2〉

특수경비원 교육기관 시설 및 강사의 기준 (제14조 제1항관련)

구분	기준
1. 시설기준	○ 100인 이상 수용이 가능한 165제곱미터 이상의 강의실 ○ 감지장치·수신장치 및 관제시설을 갖춘 132제곱미터 이상의 기계경비실습실 ○ 100인 이상이 동시에 사용할 수 있는 330제곱미터 이상의 체육관 또는 운동장 ○ 소총에 의한 실탄사격이 가능하고 10개 사로 이상을 갖춘 사격장
2. 강사기준	○ 고등교육법에 의한 대학 이상의 교육기관에서 교육과목 관련학과의 전임강사(전문대학의 경우에는 조교수) 이상의 직에 1년 이상 종사한 경력이 있는 사람 ○ 박사학위를 소지한 사람으로서 교육과목 관련 분야의 연구 실적이 있는 사람 ○ 석사학위를 소지한 사람으로서 교육과목 관련 분야의 실무업무에 3년 이상 종사한 경력이 있는 사람 ○ 교육과목 관련 분야에서 공무원으로 5년 이상 근무한 경력이 있는 사람 ○ 교육과목 관련 분야의 실무업무에 10년 이상 종사한 경력이 있는 사람 ○ 체포·호신술 과목의 경우 무도사범의 자격이 있는 사람으로서 교육과목 관련 분야에서 2년 이상 실무 경력이 있는 사람 ○ 폭발물 처리요령 및 예절교육 과목의 경우 교육과목 관련 분야에서 2년 이상 실무 경력이 있는 사람

※ 비고 : 교육시설이 교육기관의 소유가 아닌 경우에는 임대 등을 통하여 교육기간동안 이용할 수 있도록 하여야 한다.

(3) 특수경비원에 대한 신임교육 과목과 시간

특수경비원 신임교육의 과목 및 시간은 별표 4와 같다(경비업법 시행규칙 제15조 제1항).

특수경비원 신임교육 기관 또는 단체의 장은 특수경비원 신임교육과정을 마친 사람에게 별지 제11호서식의 신임교육이수증을 교부하고 그 사실을 별지 제12호서식의 신임교육이수증 교부대장에 기록하여야 한다(경비업법 시행규칙 제15조 제2항).

경비업자는 특수경비원이 신임교육을 받은 때에는 경비원의 명부에 그 사실을 기재하여야 한다(경비업법 시행규칙 제15조 제3항).

[별표 4] 〈개정 2006.2.2〉

특수경비원 신임교육의 과목 및 시간 (제15조 제1항관련)

구분 (교육시간)	과목	시간
이론교육 (15시간)	「경비업법」·「경찰관직무집행법」 및 「청원경찰법」	8
	「헌법」 및 형사법(인권, 경비관련 범죄 및 현행범체포에 관한 규정을 포함한다)	4
	범죄예방론(신고요령을 포함한다)	3
실무교육 (69시간)	정신교육	2
	테러 대응요령	4
	폭발물 처리요령	6
	화재대처법	3
	응급처치법	3
	분사기 사용법	3
	출입통제 요령	3
	예절교육	2
	기계경비 실무	3
	정보보호 및 보안업무	6
	시설경비요령(야간경비요령을 포함한다)	4
	민방공(화생방 관련 사항을 포함한다)	6
	총기조작	3
	총검술	5
	사격	8
	체포·호신술	5
	관찰·기록기법	3
기타(4시간)	입교식·평가·수료식	4
계		88

(4) 특수경비원에 대한 직무교육

특수경비업자는 경비업법(제13조 제3항)에 따라 소속 특수경비원에게 선임한 경비지도사
가 수립한 교육계획에 따라 매월 6시간 이상의 직무교육을 받도록 하여야 한다(경비업법 시
행령 제19조 제3항 및 동법 시행규칙 제16조 제1항). 특수경비원에 대한 직무교육의 과목은
특수경비원의 직무수행에 필요한 이론·실무과목, 그 밖에 정신교양 등으로 한다(경비업법
시행규칙 제16조 제3항).

관할경찰서장 및 공항경찰대장 등 국가중요시설의 경비책임자는 필요하다고 인정하는 경

우에는 특수경비원이 배치된 경비대상시설에 소속공무원을 파견하여 직무집행에 필요한 교육을 실시할 수 있다(경비업법 시행규칙 제16조 제2항).

Ⅴ 특수경비원의 직무 및 무기사용 등

1. 특수경비원의 직무

특수경비업자는 특수경비원으로 하여금 배치된 경비구역안에서 관할 경찰서장 및 공항경찰대장 등 국가중요시설의 경비책임자와 국가중요시설의 시설주의 감독을 받아 시설을 경비하고 도난·화재 그 밖의 위험의 발생을 방지하는 업무를 수행하게 하여야 한다(경비업법 제14조 제1항).

특수경비원은 국가중요시설에 대한 경비업무 수행중 국가중요시설의 정상적인 운영을 해치는 장해를 일으켜서는 아니된다(경비업법 제14조 제2항). 국가중요시설의 정상적인 운영을 해치는 장해를 일으킨 특수경비원은 7년 이하의 징역 또는 5천만원 이하의 벌금에 처한다(경비업법 제28조 제1항).

2. 무기의 구입과 기부채납

지방경찰청장은 국가중요시설에 대한 경비업무의 수행을 위하여 필요하다고 인정하는 때에는 시설주의 신청에 의하여 무기를 구입한다. 이 경우 시설주는 그 무기의 구입대금을 지불하고, 구입한 무기를 국가에 기부채납하여야 한다(경비업법 제14조 제3항).

3. 무기의 대여와 휴대

지방경찰청장은 국가중요시설에 대한 경비업무의 수행을 위하여 필요하다고 인정하는 때에는 관할경찰관서장으로 하여금 시설주의 신청에 의하여 시설주로부터 국가에 기부채납된 무기를 대여하게 하고, 시설주는 이를 특수경비원으로 하여금 휴대하게 할 수 있다. 이 경우 특수경비원은 정당한 사유없이 무기를 소지하고 배치된 경비구역을 벗어나서는 아니된다(경비업법 제14조 제4항). 정당한 사유없이 무기를 소지하고 배치된 경비구역을 벗어난 특수경비원은 2년 이하의 징역 또는 2천만원 이하의 벌금에 처한다(경비업법 제28조 제3항).

4. 관할 경찰관서장의 무기관리에 대한 지도 · 감독

시설주가 대여받은 무기에 대하여 시설주 및 관할 경찰관서장은 무기의 관리책임을 지고, 관할 경찰관서장은 시설주 및 특수경비원의 무기관리상황을 대통령령이 정하는 바에 따라 지도 · 감독하여야 한다(경비업법 제14조 제5항).

관할경찰관서장은 시설주 및 특수경비원의 무기관리상황을 매월 1회 이상 점검하여야 한다(경비업법 시행령 제21조).

관할 경찰관서장은 무기의 적정한 관리를 위하여 무기를 대여받은 시설주에 대하여 필요한 명령을 발할 수 있다(경비업법 제14조 제6항).

5. 무기 관리책임자의 직무

시설주로부터 무기의 관리를 위하여 지정받은 책임자는 다음 각호에 의하여 이를 관리하여야 한다(경비업법 제14조 제7항).
1. 무기출납부 및 무기장비운영카드를 비치 · 기록하여야 한다.
2. 무기는 관리책임자가 직접 지급 · 회수하여야 한다.

6. 특수경비원의 무기 사용

특수경비원은 국가중요시설의 경비를 위하여 무기를 사용하지 아니하고는 다른 수단이 없다고 인정되는 때에는 필요한 한도안에서 무기를 사용할 수 있다. 다만, 다음 각호의 1에 해당하는 때를 제외하고는 사람에게 위해를 끼쳐서는 아니된다(경비업법 제14조 제8항).
1. 무기 또는 폭발물을 소지하고 국가중요시설에 침입한 자가 특수경비원으로부터 3회 이상 투기(投棄) 또는 투항(投降)을 요구받고도 이에 불응하면서 계속 항거하는 경우 이를 억제하기 위하여 무기를 사용하지 아니하고는 다른 수단이 없다고 인정되는 때
2. 국가중요시설에 침입한 무장간첩이 특수경비원으로부터 투항(投降)을 요구받고도 이에 불응한 때

7. 특수경비원과 무기휴대, 사용기준 및 안전검사의 기준

특수경비원의 무기휴대, 무기종류, 그 등에 관하여 필요한 사항은 대통령령으로 정한다

(경비업법 제14조 제9항).

(1) 특수경비원 무기휴대의 절차 등

시설주는 경비업법(제14조 제4항)의 규정에 의하여 특수경비원이 휴대할 무기를 대여받고자 하는 때에는 무기대여신청서를 관할경찰서장 및 공항경찰대장 등 국가중요시설의 경비책임자를 거쳐 지방경찰청장에게 제출하여야 한다(경비업법 시행령 제20조 제1항).

(2) 무기휴대와 관할경찰관서장의 사전승인

시설주는 관할경찰관서장으로부터 대여받은 무기를 특수경비원에게 휴대하게 하는 경우에는 관할경찰관서장의 사전승인을 얻어야 한다(경비업법 시행령 제20조 제2항). 사전승인을 함에 있어서 관할경찰관서장은 국가중요시설에 총기 또는 폭발물의 소지자나 무장간첩 침입의 우려가 있는지의 여부 등을 고려하는 등 특수경비원에게 무기를 지급하여야 할 필요성이 있는지의 여부에 관하여 판단하여야 한다(경비업법 시행령 제20조 제3항).

(3) 무기의 회수

시설주는 무기지급의 필요성이 해소되었다고 인정되는 때에는 특수경비원으로부터 즉시 무기를 회수하여야 한다(경비업법 시행령 제20조 제4항).

(4) 특수경비원이 휴대할 수 있는 무기종류

특수경비원이 휴대할 수 있는 무기종류는 권총 및 소총으로 한다(경비업법 시행령 제20조 제5항).

(5) 안전검사의 기준

「위해성 경찰장비의 사용기준 등에 관한 규정」 제18조[31] 및 별표 2의 규정은 경비업법 (제14조 제9항)의 규정에 의한 안전검사의 기준에 관하여 이를 준용한다(경비업법 시행령 제20조 제6항).

---

31) 위해성 경찰장비의 사용기준 등에 관한 규정 제18조(위해성 경찰장비에 대한 안전검사) 위해성 경찰장비를 사용하는 경찰관이 소속한 국가경찰관서의 장은 소속 경찰관이 사용할 위해성 경찰장비에 대한 안전검사를 별표 2의 기준에 따라 실시하여야 한다.

위해성 경찰장비의 안전검사기준 (제18조 관련)

경찰장비	안전검사기준	검사내용	검사빈도
경찰장구	수갑	1. 해제하는 경우 톱날의 회전이 자유로운지 여부 및 과도한 힘을 요하는지 여부 2. 물리적 손상에 의하여 모서리등에 날카로운 부분이 있는지 여부	연간 1회
	포승 · 호송용포승	면사 · 나이론사 이외의 재질이 사용되었는지여부	연간 1회
	경찰봉 · 호신용경봉	1. 물리적 손상등으로 날카로운 부분이 있는지 여부 2. 호신용경봉은 폈을 때 봉의 말단이 부착되어 있는지 여부 및 접혀짐 · 펴짐이 자유로운지 여부	반기 1회
	전자충격기	1. 작동순간 전압 60,000볼트, 실효전류 0.05암페어, 1회 작동시간 30초를 초과하는지여부 2. 자체결함 · 기능손상 · 균열등으로 인한 누전현상 유무	반기 1회
	방패	균열등으로 모서리 기타 표면에 날카로운 부분이 있는지 여부	반기 1회
	전자방패	1. 균열등으로 모서리 기타 표면에 날카로운 부분이 있는지 여부 2. 작동순간 전압 50,000볼트, 실효전류 0.0039암페어를 초과하는지 여부 3. 자체결함 · 기능손상 · 균열등으로 인한 누전현상 유무	반기 1회
무기	권총 · 소총 · 기관총 · 산탄총 · 유탄발사기	1. 총열의 균열 유무 2. 방아쇠를 당길 수 있는 힘이 1킬로그램 이상인지 여부 3. 안전장치의 작동 여부	연간 1회
	박격포 · 3인치포 · 함포	포열의 균열 유무	연간 1회
	크레모아 · 수류탄 · 폭약류	1. 신관부 및 탄체의 부식 또는 충전물 누출여부 2. 안전장치의 이상 유무	연간 1회
	도검	대검멈치쇠의 고장 유무	연간 1회
분사	근접분사기	1. 안전핀의 부식 여부 2. 용기의 균열 유무	반기 1회

기 · 최 루 탄 등	가스분사기	1. 안전장치의 결함 유무 2. 약제통의 균열 유무	반기 1회
	가스발사총·최루탄 발사장치	1. 구경의 임의개조 여부 2. 방아쇠를 당길 수 있는 힘이 1킬로그램 이상인지 여부	반기 1회
	최루탄(최루탄발사장 치를 제외한 것을 말 한다)	물 또는 습기에 젖어 있는지 여부	반기 1회
기 타 장 비	가스차·살수차· 특수진압차	최루탄발사대의 각도가 15도 이상인지 여부	반기 1회
	물포	곧은 물줄기의 압력이 제곱센티미터당 15킬로그램의 압 력 이하인지 여부	반기 1회
	석궁	방아쇠를 당길 수 있는 힘이 1킬로그램 이상인지 여부	반기 1회
	다목적발사기	1. 안전장치의 작동 여부 2. 방아쇠를 당길 수 있는 힘이 1킬로그램 이상인지 여부	연간 1회
	도주차량차단장비	원격조정버튼 미조작시 차단핀이 완전히 눕혀지는지 여부	분기 1회

(6) 시설주·관리책임자·특수경비원의 무기관리수칙

시설주, 관리책임자와 특수경비원(경비업법 제14조 제7항)은 행정자치부령이 정하는 무기관리수칙을 준수하여야 한다(경비업법 시행령 제20조 제7항).

(가) 무기의 관리수칙 등

경비업법(제14조 제4항)의 규정에 의하여 무기를 대여받은 국가중요시설의 시설주 또는 관리책임자(제14조 제7항)는 다음 각호의 관리수칙에 따라 무기(탄약을 포함한다)를 관리하여야 한다(경비업법 시행규칙 제18조 제1항).

1. 무기의 관리를 위한 책임자를 지정하고 관할경찰관서장에게 이를 통보할 것
2. 무기고 및 탄약고는 단층에 설치하고 환기·방습·방화 및 총가 등의 시설을 할 것
3. 탄약고는 무기고와 사무실 등 많은 사람을 수용하거나 많은 사람이 오고 가는 시설과 떨어진 곳에 설치할 것
4. 무기고 및 탄약고에는 이중 잠금장치를 하여야 하며, 열쇠는 관리책임자가 보관하되, 근무시간 이후에는 열쇠를 당직책임자에게 인계하여 보관시킬 것

5. 관할경찰관서장이 정하는 바에 의하여 무기의 관리실태를 매월 파악하여 다음 달 3일까지 관할경찰관서장에게 통보할 것

6. 대여받은 무기를 빼앗기거나 대여받은 무기가 분실·도난 또는 훼손되는 등의 사고가 발생한 때에는 관할경찰관서장에게 그 사유를 지체없이 통보할 것

7. 대여받은 무기를 빼앗기거나 대여받은 무기가 분실·도난 또는 훼손된 때에는 경찰청장이 정하는 바에 의하여 그 전액을 배상할 것. 다만, 전시·사변, 천재·지변 그 밖의 불가항력의 사유가 있다고 지방경찰청장이 인정한 때에는 그러하지 아니하다.

8. 시설주는 자체계획을 수립하여 보관하고 있는 무기를 매주 1회 이상 손질할 수 있게 할 것

(나) 무기 분실 등에 대한 조치

시설주 또는 관리책임자는 고의 또는 과실로 무기(부속품을 포함한다)를 빼앗기거나 무기가 분실·도난 또는 훼손되도록 한 특수경비원에 대하여 특수경비업자에게 교체 또는 징계 등의 조치를 요청할 수 있다. 이 경우 특수경비업자는 특별한 사유가 없는 한 이에 응하여야 한다(경비업법 시행규칙 제18조 제2항).

(다) 무기출납과 관리수칙

경비업법(제14조 제4항)의 규정에 의하여 무기를 대여받은 시설주 또는 관리책임자가 특수경비원에게 무기를 출납하고자 하는 때에는 다음 각호의 관리수칙에 따라 무기를 관리하여야 한다(경비업법 시행규칙 제18조 제3항).

1. 관할경찰관서장이 무기를 회수하여 집중적으로 관리하도록 지시하는 경우 또는 출납하는 탄약의 수를 증감하거나 출납을 중지하도록 지시하는 경우에는 이에 따를 것

2. 탄약의 출납은 소총에 있어서는 1정당 15발 이내, 권총에 있어서는 1정당 7발 이내로 하되, 생산된 후 오래된 탄약을 우선적으로 출납할 것

3. 무기를 지급받은 특수경비원으로 하여금 무기를 매주 1회 이상 손질하게 할 것

4. 수리가 필요한 무기가 있는 때에는 그 목록과 무기장비운영카드를 첨부하여 관할경찰관서장에게 수리를 요청할 것

(라) 특수경비원의 무기 관리수칙

시설주로부터 무기를 지급받은 특수경비원은 다음 각호의 관리수칙에 따라 무기를 관리

하여야 한다(경비업법 시행규칙 제18조 제4항).

1. 무기를 지급받거나 반납하는 때 또는 무기의 인계 인수를 하는 때에는 반드시 "앞에 총"
   의 자세에서 "검사 총"을 할 것
2. 무기를 지급받은 때에는 별도의 지시가 없는 한 탄약은 무기로부터 분리하여 휴대하여
   야 하며, 소총은 "우로 어깨걸어 총"의 자세를 유지하고, 권총은 "권총집에 넣어 총"의 자
   세를 유지할 것
3. 지급받은 무기를 다른 사람에게 보관·휴대 또는 손질시키지 아니할 것
4. 무기를 손질 또는 조작하는 때에는 총구를 반드시 공중으로 향하게 할 것
5. 무기를 반납하는 때에는 손질을 철저히 한 후 반납하도록 할 것
6. 근무시간 이후에는 무기를 시설주에게 반납하거나 교대근무자에게 인계할 것

(마) 무기를 지급해서는 안되는 사람

시설주는 다음 각호의 1에 해당하는 특수경비원에 대하여 무기를 지급하여서는 아니되며,
지급된 무기가 있는 경우 이를 즉시 회수하여야 한다(경비업법 시행규칙 제18조 제5항).

1. 형사사건으로 인하여 조사를 받고 있는 사람
2. 사의를 표명한 사람
3. 정신질환자
4. 그 밖에 무기를 지급하기에 부적합하다고 인정되는 사람

(바) 무기 수송과 통보

시설주는 무기를 수송하는 때에는 출발하기 전에 관할경찰서장에게 그 사실을 통보하여
야 하며, 통보를 받은 관할경찰서장은 1인 이상의 무장경찰관을 무기를 수송하는 자동차 등
에 함께 타도록 하여야 한다(경비업법 시행규칙 제18조 제6항).

Ⅵ 특수경비원의 의무

1. 직무상 복종의 의무

특수경비원은 직무를 수행함에 있어 시설주·관할 경찰관서장 및 소속상사의 직무상 명령에 복종하여야 한다(경비업법 제15조 제1항).

2. 경비구역 이탈금지 의무

특수경비원은 소속상사의 허가 또는 정당한 사유없이 경비구역을 벗어나서는 아니된다(경비업법 제15조 제2항).

3. 집단행위금지 의무

특수경비원은 파업·태업 그 밖에 경비업무의 정상적인 운영을 저해하는 일체의 쟁의행위를 하여서는 아니된다(경비업법 제15조 제3항).

4. 무기 안전사용수칙 준수 의무

특수경비원이 무기를 휴대하고 경비업무를 수행하는 때에는 다음 각호의 1에 정하는 무기의 안전사용수칙을 지켜야 한다(경비업법 제15조 제4항).

1. 특수경비원은 사람을 향하여 권총 또는 소총을 발사하고자 하는 때에는 미리 구두 또는 공포탄에 의한 사격으로 상대방에게 경고하여야 한다. 다만, 다음 각목의 1에 해당하는 경우로서 부득이한 때에는 경고하지 아니할 수 있다.

   가. 특수경비원을 급습하거나 타인의 생명·신체에 대한 중대한 위험을 야기하는 범행이 목전에 실행되고 있는 등 상황이 급박하여 경고할 시간적 여유가 없는 경우

   나. 인질·간첩 또는 테러사건에 있어서 은밀히 작전을 수행하는 경우

2. 특수경비원은 무기를 사용하는 경우에 있어서 범죄와 무관한 다중의 생명·신체에 위해를 가할 우려가 있는 때에는 이를 사용하여서는 아니된다. 다만, 무기를 사용하지 아니하고는 타인 또는 특수경비원의 생명·신체에 대한 중대한 위협을 방지할 수 없다고 인정되는 때에는 필요한 최소한의 범위 안에서 이를 사용할 수 있다.

3. 특수경비원은 총기 또는 폭발물을 가지고 대항하는 경우를 제외하고는 14세 미만의 자 또는 임산부에 대하여는 권총 또는 소총을 발사하여서는 아니된다.

Ⅶ 경비원 등의 의무

경비원은 직무를 수행함에 있어 타인에게 위력을 과시하거나 물리력을 행사하는 등 경비 업무의 범위를 벗어난 행위를 하여서는 아니된다(경비업법 제15조의2 제1항).

누구든지 경비원으로 하여금 경비업무의 범위를 벗어난 행위를 하게 하여서는 아니된다 (경비업법 제15조의2 제2항).

Ⅷ 경비원의 복장

경비업자는 경찰공무원 또는 군인의 제복과 색상 및 디자인 등이 명확히 구별되는 소속 경 비원의 복장을 정하고 이를 확인할 수 있는 사진을 첨부하여 주된 사무소를 관할하는 지방경 찰청장에게 행정자치부령으로 정하는 바에 따라 신고하여야 한다(경비업법 제16조 제1항).

1. 경비원의 복장 신고 및 변경신고

경비업법에 따라 경비원의 복장 신고(변경신고를 포함한다)를 하려는 경비업자는 소속 경 비원에게 복장을 착용하도록 하기 전에 별지 제13호의2서식의 경비원 복장 등 신고서(전자 문서로 된 신고서를 포함한다)를 경비업자의 주된 사무소를 관할하는 지방경찰청장에게 제 출하여야 한다(경비업법 시행규칙 제19조 제1항).

2. 경비원의 복장착용과 이름표 부착

경비업자는 경비업무 수행 시 경비원에게 소속 경비업체를 표시한 이름표를 부착하도록 하고, 신고된 동일한 복장을 착용하게 하여야 하며, 복장에 소속 회사를 오인할 수 있는 표시를 하거나 다른 회사의 복장을 착용하게 하여서는 아니 된다. 다만, 집단민원현장이 아닌 곳에서 신변보호업무를 수행하는 경우 또는 경비업무의 성격상 부득이한 사유가 있어 관할 경찰관서장이 허용하는 경우에는 그러하지 아니하다(경비업법 제16조 제2항).

경비원은 경비업무 수행 시 이름표를 경비원 복장의 상의 가슴 부위에 부착하여 경비원의 이름을 외부에서 알아볼 수 있도록 하여야 한다(경비업법 시행규칙 제19조 제4항).

3. 복장변경에 대한 시정명령

지방경찰청장은 제출받은 사진을 검토한 후 경비업자에게 복장 변경 등에 대한 시정명령을 할 수 있다(경비업법 제16조 제3항). 시정명령을 받은 경비업자는 이를 이행하여야 하고, 지방경찰청장에게 행정자치부령으로 정하는 바에 따라 이행보고를 하여야 한다(경비업법 제16조 제4항).

4. 경비업자의 경비원 복장 시정명령에 대한 이행보고

경비원 복장 시정명령에 대한 이행보고를 하려는 경비업자는 별지 제13호의3서식의 시정명령 이행보고서(전자문서로 된 보고서를 포함한다. 이하 같다)에 이행사실을 입증할 수 있는 사진 등의 서류를 첨부하여 시정명령을 한 지방경찰청장에게 제출하여야 한다(경비업법 시행규칙 제19조 제2항).

5. 복장신고서 등의 제출

경비업자는 복장신고서 또는 경비원 복장 시정명령 이행보고서를 경비업자의 주된 사무소를 관할하는 지방경찰청장 소속 경찰서장을 거쳐 제출할 수 있다. 이 경우 신고서 또는 이행보고서를 받은 경찰서장은 지체 없이 경비업자의 주된 사무소를 관할하는 지방경찰청장에게 해당 신고서 또는 이행보고서를 보내야 한다(경비업법 시행규칙 제19조 제3항).

Ⅸ 경비원의 장비 등

1. 경비원의 휴대장비

경비원이 휴대할 수 있는 장비의 종류는 경적·단봉·분사기 등 행정자치부령으로 정하되, 근무 중에만 이를 휴대할 수 있다(경비업법 제16조의2 제1항).

경비원은 근무 중 경적, 단봉, 분사기, 안전방패, 무전기 및 그 밖에 경비 업무 수행에 필요한 것으로서 공격적인 용도로 제작되지 아니하는 장비를 휴대할 수 있으며, 안전모 및 방검복 등 안전장비를 착용할 수 있다(경비업법 시행규칙 제20조 제1항).

누구든지 장비를 임의로 개조하여 통상의 용법과 달리 사용함으로써 다른 사람의 생명·신체에 위해를 가하여서는 아니 된다(경비업법 제16조의2 제3항). 또한 경비원은 경비업무를 위하여 필요하다고 인정되는 상당한 이유가 있을 때에는 필요한 최소한도에서 장비를 사용할 수 있다(경비업법 제16조의2 제4항).

2. 경비원 장휴대비의 구체적인 기준

경비원 장비의 구체적인 기준은 별표 5에 따른다(경비업법 시행규칙 제20조 제2항).

■ 경비업법 시행규칙 [별표 5] 〈신설 2014.6.5〉

경비원 휴대장비의 구체적인 기준 (제20조 제2항 관련)

장비	장비기준
1. 경적	금속이나 플라스틱 재질의 호루라기
2. 단봉	금속(합금 포함)이나 플라스틱 재질의 전장 700㎜ 이하의 호신용 봉
3. 분사기	「총포·도검·화약류 등 단속법」에 따른 분사기
4. 안전방패	플라스틱 재질의 폭 500㎜ 이하, 길이 1,000㎜이하의 방패로 경찰공무원이 사용하는 안전방패와 색상 및 디자인이 명확히 구분되어야 함
5. 무전기	무전기 송신 시 실시간으로 수신이 가능한 것
6. 안전모	안면을 가리지 아니하면서, 머리를 보호하는 장비로 경찰공무원이 사용하는 방석모와 색상 및 디자인이 명확히 구분되어야 함
7. 방검복	경찰공무원이 사용하는 방검복과 색상 및 디자인이 명확히 구분되어야 함

3. 분사기 휴대와 소지허가

경비업자가 경비원으로 하여금 분사기를 휴대하여 직무를 수행하게 하는 경우에는 「총포·도검·화약류 등 단속법」에 따라 미리 분사기의 소지허가를 받아야 한다(경비업법 제16조의2 제2항).

$\overline{\underline{\text{X}}}$ 출동차량 등

경비업자는 출동차량 등의 도색 및 표지를 경찰차량 및 군차량과 명확히 구별될 수 있게 하여야 한다(경비업법 제16조의3 제1항).

1. 출동차량의 신고

경비업자는 출동차량 등의 도색 및 표지를 정하고 이를 확인할 수 있는 사진을 첨부하여 주된 사무소를 관할하는 지방경찰청장에게 행정자치부령으로 정하는 바에 따라 신고하여야 한다(경비업법 제16조의3 제2항).

경비업법(제16조의3 제2항)에 따라 출동차량 등에 대한 신고(변경신고를 포함한다)를 하려는 경비업자는 출동차량 등을 운행하기 전에 별지 제13호의4서식의 출동차량등 신고서 (전자문서로 된 신고서를 포함한다)를 경비업자의 주된 사무소를 관할하는 지방경찰청장에게 제출하여야 한다(경비업법 시행규칙 제21조 제1항).

2. 출동차량에 대한 시정명령

지방경찰청장은 제출받은 사진을 검토한 후 경비업자에게 도색 및 표지 변경 등에 대한 시정명령을 할 수 있다(경비업법 제16조의3 제3항). 시정명령을 받은 경비업자는 이를 이행하여야 하고, 지방경찰청장에게 행정자치부령으로 정하는 바에 따라 이행보고를 하여야 한다 (경비업법 제16조의3 제4항). 출동차량 등의 시정명령에 대한 이행보고를 하려는 경비업자는 별지 제13호의3서식의 시정명령 이행보고서에 이행사실을 입증할 수 있는 사진 등의 서류를 첨부하여 시정명령을 한 지방경찰청장에게 제출하여야 한다(경비업법 시행규칙 제21조 제2항).

경비업자는 출동차량신고서 및 이행보고서를 경비업자의 주된 사무소를 관할하는 지방경찰청장 소속의 경찰서장을 거쳐 제출할 수 있다. 이 경우 신고서 또는 이행보고서를 받은 경찰서장은 지체 없이 경비업자의 주된 사무소를 관할하는 지방경찰청장에게 해당 신고서 또는 이행보고서를 보내야 한다(경비업법 시행규칙 제21조 제3항).

XI 결격사유 확인을 위한 범죄경력조회 등

경찰청장, 지방경찰청장 또는 관할 경찰관서장은 직권으로 또는 범죄경력조회 요청이 있는 경우에는 경비업자의 임원, 경비지도사 또는 경비원이 제5조 제3호·제4호, 제10조 제1항 제3호부터 제8호까지 또는 같은 조 제2항 제2호·제3호에 따른 결격사유에 해당하는지를 확인하기 위하여「형의 실효 등에 관한 법률」제6조[32]에 따른 범죄경력조회를 할 수 있다(경

---

32) 형의 실효 등에 관한 법률 제6조(범죄경력조회·수사경력조회 및 회보의 제한 등) ① 수사자료표에 의한 범죄경력조회 및 수사경력조회와 그에 대한 회보는 다음 각 호의 어느 하나에 해당하는 경우에 그 전부 또는 일부에 대하여 조회 목적에 필요한 최소한의 범위에서 할 수 있다.
  1. 범죄 수사 또는 재판을 위하여 필요한 경우
  2. 형의 집행 또는 사회봉사명령, 수강명령의 집행을 위하여 필요한 경우
  3. 보호감호, 치료감호, 보호관찰 등 보호처분 또는 보안관찰업무의 수행을 위하여 필요한 경우
  4. 수사자료표의 내용을 확인하기 위하여 본인이 신청하거나 외국 입국·체류 허가에 필요하여 본인이 신청하는 경우
  5.「국가정보원법」제3조 제2항에 따른 보안업무에 관한 대통령령에 근거하여 신원조사를 하는 경우
  6. 외국인의 귀화·국적회복·체류 허가에 필요한 경우
  7. 각군 사관생도의 입학 및 장교의 임용에 필요한 경우
  8. 병역의무 부과와 관련하여 현역병 및 사회복무요원의 입영(入營)에 필요한 경우
  9. 다른 법령에서 규정하고 있는 공무원 임용, 인가·허가, 서훈(敍勳), 대통령 표창, 국무총리 표창 등의 결격사유, 징계절차가 개시된 공무원의 구체적인 징계 사유(범죄경력조회와 그에 대한 회보에 한정한다) 또는 공무원연금 지급 제한 사유 등을 확인하기 위하여 필요한 경우
  10. 그 밖에 다른 법률에서 범죄경력조회 및 수사경력조회와 그에 대한 회보를 하도록 규정되어 있는 경우
  ② 수사자료표를 관리하는 사람이나 직무상 수사자료표에 의한 범죄경력조회 또는 수사경력조회를 하는 사람은 그 수사자료표의 내용을 누설하여서는 아니 된다. ③ 누구든지 제1항에서 정하는 경우 외의 용도에 사용할 목적으로 범죄경력자료 또는 수사경력자료를 취득하여서는 아니 된다. ④ 제1항에 따라 범죄경력자료 또는 수사경력자료를 회보받거나 취득한 자는 법령에 규정된 용도 외에는 이

비업법 제17조 제1항).

1. 경비업자의 범죄경력조회 요청

경비업자는 선출·선임·채용 또는 배치하려는 임원, 경비지도사 또는 경비원이 경비업법(제5조 제3호·제4호[33]), 제10조 제1항 제3호부터 제8호[34])까지 또는 같은 조 제2항 제2

를 사용하여서는 아니 된다. ⑤ 제1항 각 호에 따라 범죄경력조회 및 수사경력조회와 그에 대한 회보를 할 수 있는 구체적인 범위는 대통령령으로 정한다.

33) 경비업법 제5조(임원의 결격사유) 다음 각호의 1에 해당하는 자는 경비업을 영위하는 법인(제4호에 해당하는 자의 경우에는 특수경비업무를 수행하는 법인을 말하고, 제5호에 해당하는 자의 경우에는 허가취소사유에 해당하는 경비업무와 동종의 경비업무를 수행하는 법인을 말한다)의 임원이 될 수 없다.
  3. 금고 이상의 형의 선고를 받고 그 형이 실효되지 아니한 자
  4. 경비업법 또는 「대통령 등의 경호에 관한 법률」에 위반하여 벌금형의 선고를 받고 3년이 지나지 아니한 자
34) 경비업법 제10조(경비지도사 및 경비원의 결격사유) ①다음 각호의 1에 해당하는 자는 경비지도사 또는 일반경비원이 될 수 없다.
  3. 금고 이상의 실형의 선고를 받고 그 집행이 종료(집행이 종료된 것으로 보는 경우를 포함한다)되거나 집행이 면제된 날부터 5년이 지나지 아니한 자
  4. 금고 이상의 형의 집행유예선고를 받고 그 유예기간중에 있는 자
  5. 다음 각 목의 어느 하나에 해당하는 죄를 범하여 벌금형을 선고받은 날부터 10년이 지나지 아니하거나 금고 이상의 형을 선고받고 그 집행이 종료된(종료된 것으로 보는 경우를 포함한다) 날 또는 집행이 유예·면제된 날부터 10년이 지나지 아니한 자
    가. 「형법」 제114조의 죄
    나. 「폭력행위 등 처벌에 관한 법률」 제4조의 죄
    다. 「형법」 제297조(강간죄), 제297조의2(유사강간죄), 제298조부터 제301조까지, 제301조의2(강간등 살인·치사), 제302조(미성년자 등에 대한 간음), 제303조(업무상위력 등에 의한 간음), 제305조(미성년자에 대한 간음, 추행), 제305조의2(상습범)의 죄
    라. 「성폭력범죄의 처벌 등에 관한 특례법」 제3조부터 제11조까지 및 제15조(제3조부터 제9조까지의 미수범만 해당한다)의 죄
    마. 「아동·청소년의 성보호에 관한 법률」 제7조 및 제8조의 죄
    바. 다목부터 마목까지의 죄로서 다른 법률에 따라 가중처벌되는 죄
  6. 다음 각 목의 어느 하나에 해당하는 죄를 범하여 벌금형을 선고받은 날부터 5년이 지나지 아니하거나 금고 이상의 형을 선고받고 그 집행이 유예된 날부터 5년이 지나지 아니한 자
    가. 「형법」 제329조부터 제331조까지, 제331조의2(자동차등 불법사용) 및 제332조부터 제343조까지의 죄
    나. 가목의 죄로서 다른 법률에 따라 가중처벌되는 죄

호·제3호[35])에 따른 결격사유에 해당하는지를 확인하기 위하여 주된 사무소, 출장소 또는 배치장소를 관할하는 지방경찰청장 또는 경찰관서장에게 「형의 실효 등에 관한 법률」 제6조에 따른 범죄경력조회를 요청할 수 있다(경비업법 제17조 제2항).

2. 범죄경력조회 요청과 결과의 통보

범죄경력조회 요청을 받은 지방경찰청장 또는 관할 경찰관서장은 경비업자에게 그 결과를 통보할 때에는 경비업자의 임원, 경비지도사 또는 경비원이 제5조 제3호·제4호, 제10조 제1항 제3호부터 제8호까지 또는 같은 조 제2항 제2호·제3호에 따른 결격사유에 해당하는지 여부만을 통보하여야 한다(경비업법 제17조 제3항).

지방경찰청장 또는 관할 경찰관서장은 경비업자의 임원, 경비지도사 또는 경비원이 제5조 각 호, 제10조 제1항 각 호 또는 제2항 각 호의 결격사유에 해당하는 사실을 알게 되거나 경비업법 또는 경비업법에 따른 명령을 위반한 때에는 경비업자에게 그 사실을 통보하여야 한다(경비업법 제17조 제4항).

XII 경비원의 명부와 배치허가 등

1. 경비원 명부의 작성·비치

경비업자는 행정자치부령이 정하는 바에 따라 경비원의 명부를 작성·비치하여야 한다. 다만, 집단민원현장에 배치되는 일반경비원의 명부는 그 경비원이 배치되는 장소에도 작

---

7. 제5호 다목부터 바목까지의 어느 하나에 해당하는 죄를 범하여 치료감호를 선고받고 그 집행이 종료된 날 또는 집행이 면제된 날부터 10년이 지나지 아니한 자 또는 제6호 각 목의 어느 하나에 해당하는 죄를 범하여 치료감호를 선고받고 그 집행이 면제된 날부터 5년이 지나지 아니한 자

8. 경비업법이나 경비업법에 따른 명령을 위반하여 벌금형을 선고받은 날부터 5년이 지나지 아니하거나 금고 이상의 형을 선고받고 그 집행이 유예된 날부터 5년이 지나지 아니한 자

35) 경비업법 제10조(경비지도사 및 경비원의 결격사유) ②다음 각 호의 어느 하나에 해당하는 자는 특수경비원이 될 수 없다.

2. 제1항 제2호부터 제8호까지의 어느 하나에 해당하는 자

3. 금고 이상의 형의 선고유예를 받고 그 유예기간중에 있는 자

성·비치하여야 한다(경비업법 제18조 제1항). 경비업자는 경비원 명부에 없는 자를 경비업무에 종사하게 하여서는 아니 된다(경비업법 제18조 제7항 전단).

경비업자는 경비업법에 따라 다음 각 호의 장소에 별지 제14호서식의 경비원 명부(제2호 및 제3호의 경우에는 해당 장소에 배치된 경비원의 명부를 말한다)를 작성·비치하여 두고, 이를 항상 정리하여야 한다(경비업법 시행규칙 제23조).

1. 주된 사무소
2. 경비업법 시행령 제5조 제3항[36])에 따른 출장소
3. 집단민원현장

2. 경비업자의 경비원 배치신고 및 배치 폐지신고

경비업자가 경비원을 배치하거나 배치를 폐지한 경우에는 행정자치부령이 정하는 바에 따라 관할 경찰관서장에게 신고하여야 한다. 다만, 다음 제1호의 경우에는 경비원을 배치하기 48시간 전까지 행정자치부령으로 정하는 바에 따라 배치허가를 신청하고, 관할 경찰관서장의 배치허가를 받은 후에 경비원을 배치하여야 하며(제2호 및 제3호의 경우에는 경비원을 배치하기 전까지 신고하여야 한다), 이 경우 관할 경찰관서장은 배치허가를 함에 있어 필요한 조건을 붙일 수 있다(경비업법 제18조 제2항).

1. 제2조 제1호 가목에 따른 시설경비업무 또는 같은 호 다목에 따른 신변보호업무 중 집단민원현장에 배치된 일반경비원
2. 집단민원현장이 아닌 곳에서 제2조 제1호 다목의 규정에 의한 신변보호업무를 수행하는 일반경비원

3. 특수경비원

경비업자는 경비원을 배치하는 경우에는 제13조에 따른 신임교육을 이수한 자를 배치하여야 한다(경비업법 제18조 제7항 후단).

---

36) 경비업법 시행령 제5조(폐업 또는 휴업 등의 신고) ③법 제4조 제3항 제3호의 규정에 의하여 신설·이전 또는 폐지한 때에 신고를 하여야 하는 출장소는 주사무소 외의 장소로서 일상적으로 일정 지역 안의 경비업무를 지휘·총괄하는 영업거점인 지점·지사 또는 사업소 등의 장소로 한다.

(1) 경비원의 배치 신고

경비업자는 경비업무를 수행하기 위하여 20일 이상 경비원을 배치하거나 그 기간을 연장하려는 때에는 경비원을 배치한 후 7일 이내에 별지 제15호서식의 경비원 배치신고서(전자문서로 된 신고서를 포함한다)를 배치지를 관할하는 경찰관서장에게 제출하여야 한다. 다만, 경비업법 제18조 제2항 제2호 및 제3호에 해당하는 경비원을 배치하는 경우에는 경비원을 배치하는 기간과 관계없이 경비원을 배치하기 전까지 제출하여야 한다(경비업법 시행규칙 제24조 제1항).

(2) 경비원 배치폐지 신고

경비원의 배치신고를 한 경비업자가 경비원의 배치를 폐지한 때에는 배치폐지를 한 날부터 7일 이내에 별지 제15호서식의 경비원 배치폐지신고서(전자문서로 된 신고서를 포함한다)를 배치지의 관할경찰관서장에게 제출하여야 한다. 다만, 경비원 배치신고시에 기재한 배치폐지 예정일에 경비원의 배치를 폐지한 경우에는 그러하지 아니하다(경비업법 시행규칙 제24조 제2항).

(3) 경비원 배치허가와 방문조사

관할 경찰관서장은 경비업법 제18조 제2항 각 호 외의 부분 단서에 따른 배치허가 신청을 받은 경우 다음 각 호의 사유에 해당하는 때에는 배치허가를 하여서는 아니 된다. 이 경우 관할 경찰관서장은 다음 각 호의 사유를 확인하기 위하여 소속 경찰관으로 하여금 그 배치장소를 방문하여 조사하게 할 수 있다(경비업법 제18조 제3항).

1. 제15조의2 제1항 및 제2항[37]을 위반하여 경비업무의 범위를 벗어난 행위를 할 우려가 있는 경우
2. 경비원 중 제10조 제1항 또는 제2항에 해당하는 결격자나 제13조에 따른 신임교육을 받지 아니한 사람이 대통령령[38]으로 정하는 기준 이상으로 포함되어 있는 경우

---

37) 경비업법 제15조의2(경비원 등의 의무) ①경비원은 직무를 수행함에 있어 타인에게 위력을 과시하거나 물리력을 행사하는 등 경비업무의 범위를 벗어난 행위를 하여서는 아니된다. ②누구든지 경비원으로 하여금 경비업무의 범위를 벗어난 행위를 하게 하여서는 아니된다.
38) 경비업법 시행령 제22조(집단민원현장 배치 불허가 기준) 법 제18조 제3항 제2호에서 "대통령령으로 정하는 기준"이란 100분의 21을 말한다.

3. 제24조[39]에 따라 경비원의 복장·장비 등에 대하여 내려진 필요한 명령을 이행하지 아니하는 경우

경비업법 제18조 제2항 각 호 외의 부분 단서에 따른 배치허가 신청을 받은 관할 경찰관서장은 배치되는 경비원 중 제10조 제1항 또는 제2항에 해당하는 결격자가 있는 경우에는 그 사람을 제외하고 배치허가를 하여야 한다(경비업법 제18조 제4항).

4. 경비원 근무상황 기록부의 작성과 보관

경비업자는 경비원을 배치하여 경비업무를 수행하게 하는 때에는 행정자치부령으로 정하는 바에 따라 배치된 경비원의 인적사항과 배치일시·배치장소 등 근무상황을 기록하여 보관하여야 한다(경비업법 제18조 제5항).

(1) 경비원 근무상황 기록부

경비업자는 경비업법에 따라 경비업무를 수행하는 경비원의 인적사항, 배치일시, 배치장소, 배차폐지일시 및 근무여부 등 근무상황을 기록한 근무상황기록부(전자문서로 된 근무상황기록부를 포함한다)를 작성하여 주된 사무소 및 출장소에 갖추어 두어야 한다(경비업법 시행규칙 제24조의3 제1항).

(2) 근무상황기록부의 보관기간

경비업자는 근무상황기록부를 1년 동안 보관하여야 한다(경비업법 시행규칙 제24조의3

---

39) 경비업법 제24조(감독) ①경찰청장 또는 지방경찰청장은 경비업무의 적정한 수행을 위하여 경비업자 및 경비지도사를 지도·감독하며 필요한 명령을 할 수 있다. ②지방경찰청장 또는 관할 경찰관서장은 소속 경찰공무원으로 하여금 관할구역안에 있는 경비업자의 주사무소 및 출장소와 경비원배치장소에 출입하여 근무상황 및 교육훈련상황 등을 감독하며 필요한 명령을 하게 할 수 있다. 이 경우 출입하는 경찰공무원은 그 권한을 표시하는 증표를 관계인에게 내보여야 한다. ③ 지방경찰청장 또는 관할 경찰관서장은 경비업자 또는 배치된 경비원이 이 법이나 이 법에 따른 명령, 「폭력행위 등 처벌에 관한 법률」을 위반하는 행위를 하는 경우 그 위반행위의 중지를 명할 수 있다. ④ 지방경찰청장 또는 관할 경찰관서장은 경비업무 장소가 집단민원현장으로 판단되는 경우에는 그 때부터 48시간 이내에 경비업자에게 경비원 배치 허가를 받을 것을 고지하여야 한다.

제2항).

5. 집단민원현장에 배치가 금지되는 일반경비원

경비업자는 다음 각 호의 어느 하나에 해당하는 죄를 범하여 벌금형을 선고받고 5년이 지나지 아니하거나 금고 이상의 형을 선고받고 그 집행이 유예된 날부터 5년이 지나지 아니한 자를 집단민원현장에 일반경비원으로 배치하여서는 아니 된다(경비업법 제18조 제6항).

1. 「형법」제257조부터 제262조까지, 제264조(상습범), 제276조부터 제281조까지의 죄, 제284조의 죄(특수협박)[40], 제285조의 죄(상습범), 제320조의 죄(특수주거침입)[41], 제324조 제2항의 죄(강요)[42], 제350조의2의 죄(특수공갈)[43], 제351조의 죄(제350조, 제350조의2의 상습범으로 한정한다)[44], 제369조 제1항의 죄(특수손괴)[45]

2. 「폭력행위 등 처벌에 관한 법률」제2조[46] 또는 제3조[47]의 죄

---

40) 형법 제284조(특수협박) 단체 또는 다중의 위력을 보이거나 위험한 물건을 휴대하여 전조 제1항, 제2항의 죄를 범한 때에는 7년 이하의 징역 또는 1천만원 이하의 벌금에 처한다

41) 형법 제320조(특수주거침입) 단체 또는 다중의 위력을 보이거나 위험한 물건을 휴대하여 전조의 죄를 범한 때에는 5년 이하의 징역에 처한다.

42) 형법 제324조(강요) ② 단체 또는 다중의 위력을 보이거나 위험한 물건을 휴대하여 제1항의 죄를 범한 자는 10년 이하의 징역 또는 5천만원 이하의 벌금에 처한다.

43) 형법 제350조의2(특수공갈) 단체 또는 다중의 위력을 보이거나 위험한 물건을 휴대하여 제350조의 죄를 범한 자는 1년 이상 15년 이하의 징역에 처한다.

44) 형법 제351조(상습범) 상습으로 제347조 내지 전조의 죄를 범한 자는 그 죄에 정한 형의 2분의 1까지 가중한다.

45) 형법 제369조(특수손괴) ①단체 또는 다중의 위력을 보이거나 위험한 물건을 휴대하여 제366조의 죄를 범한 때에는 5년 이하의 징역 또는 1천만원 이하의 벌금에 처한다.

46) 폭력행위 등 처벌에 관한 법률 제2조(폭행 등) ② 2명 이상이 공동하여 다음 각 호의 죄를 범한 사람은 「형법」각 해당 조항에서 정한 형의 2분의 1까지 가중한다.
   1. 「형법」제260조 제1항(폭행), 제283조 제1항(협박), 제319조(주거침입, 퇴거불응) 또는 제366조(재물손괴 등)의 죄
   2. 「형법」제260조 제2항(존속폭행), 제276조 제1항(체포, 감금), 제283조 제2항(존속협박) 또는 제324조 제1항(강요)의 죄
   3. 「형법」제257조 제1항(상해)·제2항(존속상해), 제276조 제2항(존속체포, 존속감금) 또는 제350조(공갈)의 죄
   ③ 이 법(「형법」각 해당 조항 및 각 해당 조항의 상습범, 특수범, 상습특수범, 각 해당 조항의 상습범의 미수범, 특수범의 미수범, 상습특수범의 미수범을 포함한다)을 위반하여 2회 이상 징역형을 받은 사람이 다시 제2항 각 호에 규정된 죄를 범하여 누범(累犯)으로 처벌할 경우에는 다음 각 호의 구분에

6. 관할경찰관서장의 배치폐지명령

관할 경찰관서장은 경비업자가 다음 각 호의 어느 하나에 해당하는 때에는 배치폐지를 명할 수 있다(경비업법 제18조 제8항).

1. 제2항 각 호 외의 부분 단서를 위반하여 배치허가를 받지 아니하고 경비원을 배치하거나 경비원 명단 및 배치일시·배치장소 등 배치허가 신청의 내용을 거짓으로 한 때
2. 제6항의 결격사유에 해당하는 자를 집단민원현장에 일반경비원으로 배치한 때
3. 제7항을 위반하여 신임교육을 이수하지 아니한 자를 제2항 각 호의 경비원으로 배치한 때
4. 경비업자 또는 경비원이 위력이나 흉기 또는 그 밖의 위험한 물건을 사용하여 집단적 폭력사태를 일으킨 때
5. 경비업자가 제2항 각 호 외의 부분 본문을 위반하여 신고하지 아니하고 일반경비원을 배치한 때

따라 가중처벌한다.
1. 제2항 제1호에 규정된 죄를 범한 사람: 7년 이하의 징역
2. 제2항 제2호에 규정된 죄를 범한 사람: 1년 이상 12년 이하의 징역
3. 제2항 제3호에 규정된 죄를 범한 사람: 2년 이상 20년 이하의 징역
④ 제2항과 제3항의 경우에는 「형법」 제260조 제3항 및 제283조 제3항을 적용하지 아니한다.

47) 폭력행위 등 처벌에 관한 법률 제3조(집단적 폭행 등) ① 삭제 〈2016.1.6〉 ② 삭제 〈2006.3.24〉 ③ 삭제 〈2016.1.6〉 ④ 이 법(「형법」 각 해당 조항 및 각 해당 조항의 상습범, 특수범, 상습특수범, 각 해당 조항의 상습범의 미수범, 특수범의 미수범, 상습특수범의 미수범을 포함한다)을 위반하여 2회 이상 징역형을 받은 사람이 다시 다음 각 호의 죄를 범하여 누범으로 처벌할 경우에는 다음 각 호의 구분에 따라 가중처벌한다.
  1. 「형법」 제261조(특수폭행)(제260조 제1항의 죄를 범한 경우에 한정한다), 제284조(특수협박)(제283조 제1항의 죄를 범한 경우에 한정한다), 제320조(특수주거침입) 또는 제369조 제1항(특수손괴)의 죄: 1년 이상 12년 이하의 징역
  2. 「형법」 제261조(특수폭행)(제260조 제2항의 죄를 범한 경우에 한정한다), 제278조(특수체포, 특수감금)(제276조 제1항의 죄를 범한 경우에 한정한다), 제284조(특수협박)(제283조 제2항의 죄를 범한 경우에 한정한다) 또는 제324조 제2항(강요)의 죄: 2년 이상 20년 이하의 징역
  3. 「형법」 제258조의2 제1항(특수상해), 제278조(특수체포, 특수감금)(제276조 제2항의 죄를 범한 경우에 한정한다) 또는 제350조의2(특수공갈)의 죄: 3년 이상 25년 이하의 징역

5
Chapter

행정처분 등

Ⅰ 경비업 허가의 취소와 행정처분

허가관청은 경비업의 허가취소 또는 영업정지처분을 하는 때에는 경비업자가 허가받은 경비업무중 허가취소 또는 영업정지사유에 해당되는 경비업무에 한하여 처분을 하여야 한다. 다만, 제1항 제2호 및 제7호에 해당하여 허가취소를 하는 때에는 그러하지 아니하다(경비업법 제19조 제3항).

1. 경비업 허가의 취소

허가관청은 경비업자가 다음 각 호의 어느 하나에 해당하는 때에는 그 허가를 취소하여야 한다(경비업법 제19조 제1항).

1. 허위 그 밖의 부정한 방법으로 허가를 받은 때
2. 제7조 제5항[48]의 규정에 위반하여 허가받은 경비업무외의 업무에 경비원을 종사하게 한 때
3. 제7조 제9항의 규정에 위반하여 경비업 및 경비관련업외의 영업을 한 때[49]

---

48) 경비업법 제7조(경비업자의 의무) ⑤경비업자는 허가받은 경비업무외의 업무에 경비원을 종사하게 하여서는 아니된다.

49) 청구인들과 같이 경비업을 경영하고 있는 자들이나 다른 업종을 경영하면서 새로이 경비업에 진출하고자 하는 자들로 하여금, 경비업을 전문으로 하는 별개의 법인을 설립하지 않는 한 경비업과 그밖의 업종을 겸영하지 못하도록 금지하고 있는 경비업법 제7조 제8항, 제19조 제1항 제3호, 부칙 제4조가 직업의 자유의 제한에 대한 헌법적 한계인 과잉금지원칙을 준수하지 못하여 위헌인지 여부(적극): 3. 이 사건 법률조항은 과잉금지원칙을 준수하지 못하고 있다. (1) 목적의 정당성 : 비전문적인 영세경비업체의 난립을 막고 전문경비업체를 양성하며, 경비원의 자질을 높이고 무자격자를 차단하여 불법적인 노사분규 개입을 막고자 하는 입법목적 자체는 정당하다고 보여진다. (2) 방법의 적절성 : 먼저

4. 정당한 사유없이 허가를 받은 날부터 1년 이내에 경비 도급실적이 없거나 계속하여 1년 이상 휴업한 때

5. 정당한 사유없이 최종 도급계약 종료일의 다음 날부터 1년 이내에 경비 도급실적이 없을 때

6. 영업정지처분을 받고 계속하여 영업을 한 때

7. 제15조의2 제2항을 위반하여 소속 경비원으로 하여금 경비업무의 범위를 벗어난 행위를 하게 한 때

8. 제18조 제8항에 따른 관할 경찰관서장의 배치폐지 명령에 따르지 아니한 때

2. 경비업법 위반에 대한 행정처분

(1) 행정처분의 사유

허가관청은 경비업자가 다음 각 호의 어느 하나에 해당하는 때에는 대통령령으로 정하는 행정처분의 기준에 따라 그 허가를 취소하거나 6개월 이내의 기간을 정하여 영업의 전부 또는 일부에 대하여 영업정지를 명할 수 있다(경비업법 제19조 제2항).

"경비업체의 전문화"라는 관점에서 보면, 현대의 첨단기술을 바탕으로 한 소위 디지털시대에 있어서 경비업은 단순한 경비자체만으로는 '전문화'를 이룰 수 없고 오히려 경비장비의 제조·설비·판매업이나 네트워크를 통한 정보산업, 시설물 유지관리, 나아가 경비원교육업 등을 포함하는 '토탈서비스(total service)'를 절실히 요구하고 있는 추세이므로, 이 법에서 규정하고 있는 좁은 의미의 경비업만을 영위하도록 법에서 강제하는 수단으로는 오히려 영세한 경비업체의 난립을 방치하는 역효과를 가져올 수도 있다. 또한 "경비원의 자질을 높이고 무자격자를 차단하여 불법적인 노사분규 개입을 방지하고자" 하는 점도, 경비원교육을 강화하거나 자격요건이나 보수 등 근무여건의 향상을 통하여 그 목적을 효과적이고 적절하게 달성할 수 있을지언정 경비업체로 하여금 일체의 겸영을 금지하는 것이 적절한 방법이라고는 볼 수 없다. (3) 피해의 최소성 : 이 사건 법률조항은 그 입법목적 중 경비업체의 전문화 추구라는 목적달성을 위하여 효과적이거나 적절하지 아니하고 오히려 그 반대의 결과를 가져올 수 있다는 점은 앞에서 본 바와 같고, 다른 입법목적인 경비원의 자질향상과 같은 공익은 이 법의 다른 조항에 의하여도 충분히 달성할 수 있음에도 불구하고 노사분규 개입을 예방한다는 이유로 경비업자의 겸영을 일체 금지하는 접근은 기본권침해의 최소성 원칙에 어긋나는 과도하고 무리한 방법이다. (4) 법익의 균형성 : 이 사건 법률조항으로 달성하고자 하는 공익인 경비업체의 전문화, 경비원의 불법적인 노사분규 개입 방지 등은 그 실현 여부가 분명하지 않은데 반하여, 경비업자인 청구인들이나 새로이 경비업에 진출하고자 하는 자들이 짊어져야 할 직업의 자유에 대한 기본권침해의 강도는 지나치게 크다고 할 수 있으므로, 이 사건 법률조항은 보호하려는 공익과 기본권침해간의 현저한 불균형으로 법익의 균형성을 잃고 있다(헌재 2002.4.25, 2001헌마614).

1. 제4조 제1항 후단을 위반하여 지방경찰청장의 허가 없이 경비업무를 변경한 때

2. 제7조 제2항을 위반하여 도급을 의뢰받은 경비업무가 위법한 것임에도 이를 거부하지 아니한 때

3. 제7조 제6항을 위반하여 경비지도사를 집단민원현장에 선임·배치하지 아니한 때

4. 제8조를 위반하여 경비대상 시설에 관한 경보 대응체제를 갖추지 아니한 때

5. 제9조 제2항을 위반하여 관련 서류를 작성·비치하지 아니한 때

6. 제10조 제3항을 위반하여 결격사유에 해당하는 경비원을 배치하거나 결격사유에 해당하는 경비지도사를 선임·배치한 때

7. 제12조 제1항을 위반하여 경비지도사를 선임한 때

8. 제13조를 위반하여 경비원으로 하여금 교육을 받게 하지 아니한 때

9. 제16조에 따른 경비원의 복장 등에 관한 규정을 위반한 때

10. 제16조의2에 따른 경비원의 장비 등에 관한 규정을 위반한 때

11. 제16조의3에 따른 경비원의 출동차량 등에 관한 규정을 위반한 때

12. 제18조 제1항 단서를 위반하여 집단민원현장에 일반경비원 명부를 작성·비치하지 아니한 때

13. 제18조 제2항 각 호 외의 부분 단서를 위반하여 배치허가를 받지 아니하고 경비원을 배치하거나 경비원 명단 및 배치일시·배치장소 등 배치허가 신청의 내용을 거짓으로 한 때

14. 제18조 제6항을 위반하여 결격사유에 해당하는 일반경비원을 집단민원현장에 배치한 때

15. 제24조에 따른 감독상 명령에 따르지 아니한 때

16. 제26조를 위반하여 손해를 배상하지 아니한 때

(2) 행정처분의 기준

경비업법에 따른 행정처분의 기준은 [별표 4]와 같다(경비업법 시행령 제24조).

[별표 4] 〈개정 2014.6.3〉

행정처분 기준(제24조 관련)

1. 일반기준

　가. 제2호에 따른 행정처분이 영업정지인 경우에는 위반행위의 동기, 내용 및 위반의 정도 등을 고려하여 가중하거나 감경할 수 있다.

　나. 위반행위가 2 이상인 경우로서 그에 해당하는 각각의 처분기준이 다른 경우에는 그 중 중한 처분기준에 따르며, 2 이상의 처분기준이 동일한 영업정지인 경우에는 중한 처분기준의 2분의 1까지 가중할 수 있다. 다만, 가중하는 경우에도 각 처분기준을 합산한 기간을 초과할 수 없다.

　다. 위반행위의 횟수에 따른 행정처분 기준은 최근 2년간 같은 위반행위로 행정처분을 받은 경우에 적용한다. 이 경우 기준 적용일은 위반행위에 대한 행정처분일과 그 처분 후의 위반행위가 다시 적발된 날을 기준으로 한다.

　라. 영업정지처분에 해당하는 위반행위가 적발된 날 이전 최근 2년간 같은 위반행위로 2회 영업정지처분을 받은 경우에는 제2호의 기준에도 불구하고 그 위반행위에 대한 행정처분기준은 허가취소로 한다.

2. 개별기준

위반행위	해당 법조문	행정처분 기준		
		1차 위반	2차 위반	3차 이상 위반
가. 법 제4조 제1항 후단을 위반하여 지방경찰청장의 허가 없이 경비업무를 변경한 때	법 제19조 제2항 제1호	경고	영업정지 6개월	허가취소
나. 법 제7조 제2항을 위반하여 도급을 의뢰받은 경비업무가 위법한 것임에도 이를 거부하지 않은 때	법 제19조 제2항 제2호	영업정지 1개월	영업정지 3개월	허가취소
다. 법 제7조 제6항을 위반하여 경비지도사를 집단민원현장에 선임 · 배치하지 않은 때	법 제19조 제2항 제3호	영업정지 1개월	영업정지 3개월	허가취소
라. 법 제8조를 위반하여 경비대상 시설에 관한 경보 대응체제를 갖추지 않은 때	법 제19조 제2항 제4호	경고	경고	영업정지 1개월
마. 법 제9조 제2항을 위반하여 관련 서류를 작성 · 비치하지 않은 때	법 제19조 제2항 제5호	경고	경고	영업정지 1개월

바. 법 제10조 제3항을 위반하여 결격사유에 해당하는 경비원을 배치하거나 결격사유에 해당하는 경비지도사를 선임·배치한 때	법 제19조 제2항 제6호	영업정지 1개월	영업정지 3개월	허가취소
사. 법 제12조 제1항을 위반하여 경비지도사를 선임한 때	법 제19조 제2항 제7호	영업정지 1개월	영업정지 3개월	허가취소
아. 법 제13조를 위반하여 경비원으로 하여금 교육을 받게 하지 않은 때	법 제19조 제2항 제8호	경고	경고	영업정지 1개월
자. 법 제16조에 따른 경비원의 복장 등에 관한 규정을 위반한 때	법 제19조 제2항 제9호	경고	영업정지 1개월	영업정지 3개월
차. 법 제16조의2에 따른 경비원의 장비 등에 관한 규정을 위반한 때	법 제19조 제2항 제10호	경고	영업정지 1개월	영업정지 3개월
카. 법 제16조의3에 따른 경비원의 출동차량 등에 관한 규정을 위반한 때	법 제19조 제2항 제11호	경고	영업정지 1개월	영업정지 3개월
타. 법 제18조 제1항 단서를 위반하여 집단민원현장에 일반경비원 명부를 작성·비치하지 않은 때	법 제19조 제2항 제12호	영업정지 1개월	영업정지 3개월	허가취소
파. 법 제18조 제2항 각 호 외의 부분 단서를 위반하여 배치허가를 받지 아니하고 경비원을 배치하거나 경비원 명단 및 배치 일시·배치장소 등 배치허가 신청의 내용을 거짓으로 한 때	법 제19조 제2항 제13호	영업정지 1개월	영업정지 3개월	허가취소
하. 법 제18조 제6항을 위반하여 결격사유에 해당하는 일반경비원을 집단민원현장에 배치한 때	법 제19조 제2항 제14호	영업정지 1개월	영업정지 3개월	허가취소
거. 법 제24조에 따른 감독상 명령에 따르지 않은 때	법 제19조 제2항 제15호	경고	영업정지 3개월	허가취소
너. 법 제26조를 위반하여 손해를 배상하지 않은 때	법 제19조 제2항 제16호	경고	영업정지 3개월	영업정지 6개월

Ⅱ 경비지도사자격의 취소와 자격정지

1. 경비지도사자격의 취소

경찰청장은 경비지도사가 다음 각호의 1에 해당하는 때에는 그 자격을 취소하여야 한다(경비업법 제20조 제1항).

1. 제10조 제1항 각호의 결격사유에 해당하게 된 때

2. 허위 그 밖의 부정한 방법으로 경비지도사자격증을 교부받은 때

3. 경비지도사자격증을 다른 사람에게 빌려주거나 양도한 때

4. 자격정지 기간 중에 경비지도사로 선임되어 활동한 때

2. 경비지도사자격의 정지

(1) 경비지도사자격의 정지 사유

경찰청장은 경비지도사가 다음 각호의 1에 해당하는 때에는 대통령령이 정하는 바에 따라 1년의 범위 내에서 그 자격을 정지시킬 수 있다(경비업법 제20조 제2항).

1. 제12조 제3항의 규정에 위반하여 직무를 성실하게 수행하지 아니한 때

2. 제24조의 규정에 의한 경찰청장 또는 지방경찰청장의 명령을 위반한 때

(2) 경비지도사의 자격정지처분의 기준

경비업법에 의한 경비지도사에 대한 자격정지처분의 기준은 별표 5와 같다(경비업법 시행령 제25조).

[별표 5]

경비지도사 자격정지처분 기준 (제25조관련)

위반행위	해당법조문	행정처분기준		
		1차	2차	3차이상
1. 법 제12조 제3항의 규정에 위반하여 직무를 성실하게 수행하지 아니한 때	법 제20조 제2항 제1호	자격정지 3월	자격정지 6월	자격정지 12월
2. 법 제24조의 규정에 의한 경찰청장·지방경찰청장의 명령을 위반한 때	법 제20조 제2항 제2호	자격정지 1월	자격정지 6월	자격정지 9월

비고 : 위반행위의 횟수에 따른 행정처분의 기준은 당해 위반행위가 있은 이전 최근 2년간 같은 위반행위로 행정처분을 받은 경우에 적용한다.

3. 경비지도사자격증의 회수와 보관

경찰청장은 경비지도사의 자격을 취소한 때에는 경비지도사자격증을 회수하여야 하고, 경비지도사의 자격을 정지한 때에는 그 정지기간동안 경비지도사자격증을 회수하여 보관하여야 한다(경비업법 제20조 제3항).

Ⅲ 청문

경찰청장 또는 지방경찰청장은 다음 각호의 1에 해당하는 처분을 하고자 하는 경우에는 청문을 실시하여야 한다(경비업법 제21조).

1. 경비업법 제19조의 규정에 의한 경비업 허가의 취소 또는 영업정지
2. 경비업법 제20조 제1항 또는 제2항의 규정에 의한 경비지도사자격의 취소 또는 정지

6
Chapter

경비협회

I 경비협회

1. 경비협회의 설립

경비업자는 경비업무의 건전한 발전과 경비원의 자질향상 및 교육훈련 등을 위하여 대통령령이 정하는 바에 따라 경비협회를 설립할 수 있다(경비업법 제22조 제1항). 경비협회는 법인으로 한다(경비업법 제22조 제2항).

경비협회를 설립하려는 경우에는 정관을 작성하여야 한다(경비업법 시행령 제26조 제1항). 협회는 정관이 정하는 바에 의하여 회원으로부터 회비를 징수할 수 있다(경비업법 시행령 제26조 제2항).

경비협회에 관하여 경비업법에 특별한 규정이 있는 것을 제외하고는 민법중 사단법인에 관한 규정을 준용한다(경비업법 제22조 제4항).

2. 경비협회의 업무

경비협회의 업무는 다음과 같다(경비업법 제22조 제3항).
1. 경비업무의 연구
2. 경비원 교육 · 훈련 및 그 연구
3. 경비원의 후생 · 복지에 관한 사항
4. 경비진단에 관한 사항
5. 그 밖에 경비업무의 건전한 운영과 육성에 관하여 필요한 사항

Ⅱ 공제사업

1. 경비협회의 공제사업

경비협회는 다음 각 호의 공제사업을 할 수 있다(경비업법 제23조 제1항).

1. 제26조[50])에 따른 경비업자의 손해배상책임을 보장하기 위한 사업
2. 경비업자가 경비업을 운영할 때 필요한 입찰보증, 계약보증(이행보증을 포함한다), 하도급보증을 위한 사업
3. 경비원의 복지향상과 업무상 재해로 인한 손실을 보상하는 사업
4. 경비업무와 관련한 연구 및 경비원 교육·훈련에 관한 사업

경찰청장은 공제사업의 건전한 육성과 가입자의 보호를 위하여 공제사업의 감독에 관한 기준을 정할 수 있다(경비업법 제23조 제4항). 경찰청장은 경비협회의 공제사업에 대하여 「금융위원회의 설치 등에 관한 법률」[51])에 따른 금융감독원의 원장에게 검사를 요청할 수 있다(경비업법 제23조 제6항).

2. 공제규정의 제정과 내용

경비협회는 공제사업을 하고자 하는 때에는 공제규정을 제정하여야 한다(경비업법 제23조 제2항). 공제규정에는 공제사업의 범위, 공제계약의 내용, 공제금, 공제료 및 공제금에 충당하기 위한 책임준비금 등 공제사업의 운영에 관하여 필요한 사항을 정하여야 한다(경비업법 제23조 제3항).

---

50) 경비업법 제26조(손해배상 등) ①경비업자는 경비원이 업무수행중 고의 또는 과실로 경비대상에 손해가 발생하는 것을 방지하지 못한 때에는 그 손해를 배상하여야 한다. ②경비업자는 경비원이 업무수행중 고의 또는 과실로 제3자에게 손해를 입힌 경우에는 이를 배상하여야 한다.

51) 금융위원회의 설치 등에 관한 법률 제1조(목적) 이 법은 금융위원회와 금융감독원을 설치하여 금융산업의 선진화와 금융시장의 안정을 도모하고 건전한 신용질서와 공정한 금융거래 관행(慣行)을 확립하며 예금자 및 투자자 등 금융 수요자를 보호함으로써 국민경제의 발전에 이바지함을 목적으로 한다. 제2조(공정성의 유지 등) 금융위원회와 금융감독원은 그 업무를 수행할 때 공정성을 유지하고 투명성을 확보하며 금융기관의 자율성을 해치지 아니하도록 노력하여야 한다.

3. 공제규정의 승인과 협의

경찰청장은 공제규정을 승인하거나 공제사업의 감독에 관한 기준을 정하는 경우에는 미리 금융위원회와 협의하여야 한다(경비업법 제23조 제5항).

7

Chapter

보칙

Ⅰ   감독

(1) 경찰청장 또는 지방경찰청장은 경비업무의 적정한 수행을 위하여 경비업자 및 경비지도사를 지도·감독하며 필요한 명령을 할 수 있다(경비업법 제24조 제1항).

(2) 지방경찰청장 또는 관할 경찰관서장은 소속 경찰공무원으로 하여금 관할구역안에 있는 경비업자의 주사무소 및 출장소와 경비원배치장소에 출입하여 근무상황 및 교육훈련상황 등을 감독하며 필요한 명령을 하게 할 수 있다. 이 경우 출입하는 경찰공무원은 그 권한을 표시하는 증표를 관계인에게 내보여야 한다(경비업법 제24조 제2항).

(3) 지방경찰청장 또는 관할 경찰관서장은 경비업자 또는 배치된 경비원이 경비업법이나 경비업법에 따른 명령, 「폭력행위 등 처벌에 관한 법률」을 위반하는 행위를 하는 경우 그 위반행위의 중지를 명할 수 있다(경비업법 제24조 제3항).

(4) 지방경찰청장 또는 관할 경찰관서장은 경비업무 장소가 집단민원현장으로 판단되는 경우에는 그 때부터 48시간 이내에 경비업자에게 경비원 배치 허가를 받을 것을 고지하여야 한다(경비업법 제24조 제4항).

Ⅱ   보안지도 · 점검

지방경찰청장은 대통령령이 정하는 바에 따라 특수경비업자에 대하여 보안지도·점검을 실시하여야 하고, 필요한 경우 관계기관에 보안측정을 요청하여야 한다(경비업법 제25조). 지방경찰청장은 특수경비업자에 대하여 연 2회 이상의 보안지도·점검을 실시하여야 한다(경비업법 시행령 제29조).

Ⅲ 손해배상

경비업자는 경비원이 업무수행중 고의 또는 과실로 경비대상에 손해가 발생하는 것을 방지하지 못한 때에는 그 손해를 배상하여야 한다(경비업법 제26조 제1항).

경비업자는 경비원이 업무수행중 고의 또는 과실로 제3자에게 손해를 입힌 경우에는 이를 배상하여야 한다(경비업법 제26조 제2항).

Ⅳ 위임 및 위탁

1. 경찰청장 권한의 위임

경비업법에 의한 경찰청장의 권한은 대통령령이 정하는 바에 따라 그 일부를 지방경찰청장에게 위임할 수 있다(경비업법 제27조 제1항).

경찰청장은 다음 각호의 권한을 지방경찰청장에게 위임한다(경비업법 시행령 제31조 제1항).

1. 경비업법 제20조의 규정에 의한 경비지도사의 자격의 취소 및 정지에 관한 권한
2. 경비업법 제21조 제2호의 규정에 의한 경비지도사 자격의 취소 및 정지에 관한 청문의 권한

2. 경비지도사 시험 및 교육의 위탁

경찰청장은 경비지도사의 시험 및 교육에 관한 업무를 대통령령이 정하는 바에 따라 관계전문기관 또는 단체에 위탁할 수 있다(경비업법 제27조 제2항).

경찰청장 또는 경찰관서장은 경비지도사시험의 관리와 경비지도사의 교육에 관한 업무를 경비업무에 관한 인력과 전문성을 갖춘 기관으로서 경찰청장이 지정하여 고시하는 기관 또는 단체에 위탁한다(경비업법 시행령 제31조 제2항).

Ⅴ 수수료

경비업법에 따른 경비업의 허가를 받거나 허가증을 재교부 받고자 하는 자는 대통령령이 정하는 바에 따라 수수료를 납부하여야 한다(경비업법 제27조의2). 수수료는 허가 등의 신청서에 수입인지를 첨부하여 납부한다(경비업법 시행령 제28조 제2항).

경찰청장 및 지방경찰청장은 정보통신망을 이용하여 전자화폐·전자결제 등의 방법으로 수수료를 납부하게 할 수 있다(경비업법 시행령 제28조 제5항).

1. 허가증 등의 수수료

경비업법에 의한 경비업의 허가를 받거나 허가증을 재교부받고자 하는 자는 다음 각호의 수수료를 납부하여야 한다(경비업법 시행령 제28조 제1항).

1. 경비업법 제4조 제1항 및 법 제6조 제2항의 규정에 의한 경비업의 허가(추가·변경·갱신허가를 포함한다)의 경우에는 1만원
2. 허가사항의 변경신고로 인한 허가증 재교부의 경우에는 2천원

2. 시험응시와 수수료

시험에 응시하고자 하는 자는 경찰청장이 정하여 고시하는 수수료를 납부하여야 한다(경비업법 시행령 제28조 제3항).

3. 응시료의 반환

경찰청장은 다음 각 호의 어느 하나에 해당하는 경우에는 제3항에 따라 받은 응시수수료의 전부 또는 일부를 다음 각 호의 구분에 따라 반환하여야 한다(경비업법 시행령 제28조 제4항).

1. 응시수수료를 과오납한 경우: 과오납한 금액 전액
2. 시험시행기관의 귀책사유로 시험에 응시하지 못한 경우: 응시수수료 전액
3. 시험시행일 20일 전까지 접수를 취소하는 경우: 응시수수료 전액
4. 시험시행일 10일 전까지 접수를 취소하는 경우: 응시수수료의 100분의 50

8

Chapter

벌칙

1. 3년 이하의 징역 또는 3천만원 이하의 벌금

다음 각 호의 어느 하나에 해당하는 자는 3년 이하의 징역 또는 3천만원 이하의 벌금에 처한다(경비업법 제28조 제2항).

1. 제4조 제1항의 규정에 의한 허가를 받지 아니하고 경비업을 영위한 자

2. 제7조 제4항의 규정에 위반하여 직무상 알게 된 비밀을 누설하거나 부당한 목적을 위하여 사용한 자

3. 제7조 제8항의 규정에 위반하여 경비업무의 중단을 통보하지 아니하거나 경비업무를 즉시 인수하지 아니한 특수경비업자 또는 경비대행업자

4. 집단민원현장에 경비원을 배치하면서 제7조의2제1항을 위반하여 제4조 제1항에 따른 허가를 받지 아니한 자에게 경비업무를 도급한 자

5. 제7조의2 제2항을 위반하여 집단민원현장에 20명 이상의 경비인력을 배치하면서 그 경비인력을 직접 고용한 자

6. 제7조의2 제3항을 위반하여 경비업자의 경비원 채용 시 무자격자나 부적격자 등을 채용하도록 관여하거나 영향력을 행사한 도급인

7. 과실로 인하여 제14조 제2항의 규정에 위반하여 국가중요시설의 정상적인 운영을 해치는 장해를 일으킨 특수경비원

8. 특수경비원으로서 경비구역 안에서 시설물의 절도, 손괴, 위험물의 폭발 등의 사유로 인한 위급사태가 발생한 때에 제15조 제1항 또는 제2항의 규정에 위반한 자

9. 제15조의2 제2항의 규정을 위반하여 경비원에게 경비업무의 범위를 벗어난 행위를 하게 한 자

2. 1년 이하의 징역 또는 1천만원 이하의 벌금

다음 각 호의 어느 하나에 해당하는 자는 1년 이하의 징역 또는 1천만원 이하의 벌금에 처한다(경비업법 제28조 제4항).

1. 제14조 제7항의 규정에 위반한 관리책임자
2. 제15조 제3항의 규정에 위반하여 쟁의행위를 한 특수경비원
3. 제15조의2 제1항을 위반하여 경비업무의 범위를 벗어난 행위를 한 경비원
4. 제16조의2 제1항에서 정한 장비 외에 흉기 또는 그 밖의 위험한 물건을 휴대하고 경비업무를 수행한 경비원 또는 경비원에게 이를 휴대하고 경비업무를 수행하게 한 자
5. 제18조 제8항을 위반하여 경찰관서장의 배치폐지 명령을 따르지 아니한 자
6. 제24조 제3항에 따른 지방경찰청장 또는 관할 경찰관서장의 중지명령에 따르지 아니한 자

3. 형의 가중처벌

(1) 특수경비원이 무기를 휴대하고 경비업무를 수행중에 경비업법 제14조 제8항의 규정 및 제15조 제4항의 규정에 의한 무기의 안전수칙을 위반하여 「형법」 제258조의2 제1항(제257조 제1항의 죄로 한정한다)·제2항(제258조 제1항·제2항의 죄로 한정한다), 제259조 제1항, 제260조 제1항, 제262조, 제268조, 제276조 제1항, 제277조 제1항, 제281조 제1항, 제283조 제1항, 제324조 제2항, 제350조의2 및 제366조의 죄를 범한 때에는 그 죄에 정한 형의 2분의 1까지 가중처벌한다(경비업법 제29조 제1항).

(2) 경비원이 경비업무 수행 중에 경비업법 제16조의2 제1항에서 정한 장비 외에 흉기 또는 그 밖의 위험한 물건을 휴대하고 「형법」 제258조의2 제1항(제257조 제1항의 죄로 한정한다)·제2항(제258조 제1항·제2항의 죄로 한정한다), 제259조 제1항, 제261조, 제262조, 제268조, 제276조 제1항, 제277조 제1항, 제281조 제1항, 제283조 제1항, 제324조 제2항, 제350조의2 및 제366조의 죄를 범한 때에는 그 죄에 정한 형의 2분의 1까지 가중처벌한다(경비업법 제29조 제2항).

4. 양벌규정

법인의 대표자나 법인 또는 개인의 대리인, 사용인, 그 밖의 종업원이 그 법인 또는 개인의 업무에 관하여 제28조의 위반행위를 하면 그 행위자를 벌하는 외에 그 법인 또는 개인에게도

해당 조문의 벌금형을 과(科)한다. 다만, 법인 또는 개인이 그 위반행위를 방지하기 위하여 해당 업무에 관하여 상당한 주의와 감독을 게을리하지 아니한 경우에는 그러하지 아니하다(경비업법 제30조).

5. 과태료

과태료는 대통령령이 정하는 바에 의하여 지방경찰청장 또는 경찰관서장이 부과·징수한다(경비업법 제31조 제3항).

(1) 경비업자에 대한 3천만원 이하의 과태료

다음 각 호의 어느 하나에 해당하는 경비업자에게는 3천만원 이하의 과태료를 부과한다(경비업법 제31조 제1항).

1. 제16조 제1항을 위반하여 경비원의 복장에 관한 신고를 하지 아니하고 집단민원현장에 경비원을 배치한 자
2. 제16조 제2항을 위반하여 이름표를 부착하게 하지 아니하거나, 신고된 동일 복장을 착용하게 하지 아니하고 집단민원현장에 경비원을 배치한 자
3. 제18조 제1항 단서를 위반하여 집단민원현장에 일반경비원을 배치하면서 경비원의 명부를 배치장소에 작성·비치하지 아니한 자
4. 제18조 제2항 각 호 외의 부분 단서를 위반하여 배치허가를 받지 아니하고 경비원을 배치하거나 경비원 명단 및 배치일시·배치장소 등 배치허가 신청의 내용을 거짓으로 한 자
5. 제18조 제7항을 위반하여 제13조에 따른 신임교육을 이수하지 아니한 자를 제18조 제2항 각 호의 경비원으로 배치한 자

(2) 경비업자 또는 시설주에 대한 500만원 이하의 과태료

다음 각 호의 어느 하나에 해당하는 경비업자 또는 시설주에게는 500만원 이하의 과태료를 부과한다(경비업법 제31조 제2항).

1. 제4조 제3항 또는 제18조 제2항의 규정에 위반하여 신고를 하지 아니한 자
2. 제7조 제7항의 규정에 위반하여 경비대행업자 지정신고를 하지 아니한 자

3. 제9조 제1항의 규정에 위반하여 설명의무를 이행하지 아니한 자

4. 제12조 제1항의 규정에 위반하여 경비지도사를 선임하지 아니한 자

5. 제14조 제6항의 규정에 의한 감독상 필요한 명령을 정당한 이유없이 이행하지 아니한 자

6. 제10조 제3항을 위반하여 결격사유에 해당하는 경비원을 배치하거나 결격사유에 해당하는 경비지도사를 선임·배치한 자

7. 제16조 제1항의 복장 등에 관한 신고규정을 위반하여 신고를 하지 아니한 자

8. 제16조 제2항을 위반하여 이름표를 부착하게 하지 아니하거나, 신고된 동일 복장을 착용하게 하지 아니하고 경비원을 경비업무에 배치한 자

9. 제18조 제1항 본문을 위반하여 명부를 작성·비치하지 아니한 자

10. 제18조 제5항을 위반하여 경비원의 근무상황을 기록하여 보관하지 아니한 자

(3) 과태료의 부과기준

경비업법에 따른 과태료의 부과기준은 별표 6과 같다(경비업법 시행령 제32조 제1항). 지방경찰청장 또는 경찰관서장은 「질서위반행위규제법」 제14조 각 호의 사항을 고려하여 별표 6에 따른 금액의 100분의 50의 범위에서 경감하거나 가중할 수 있다. 다만, 가중하는 때에는 법 제31조 제1항 및 제2항에 따른 과태료 금액의 상한을 초과할 수 없다(경비업법 제32조 제2항)).

[별표 6] 〈개정 2014.6.3〉

과태료의 부과기준 (제32조 제1항 관련)

위반행위	해당 법조문	과태료 금액(단위: 만원)		
		1회 위반	2회 위반	3회 이상
1. 법 제4조 제3항 또는 제18조 제2항을 위반하여 신고를 하지 않은 경우	법 제31조 제2항 제1호			
가. 1개월 이내의 기간 경과			50	
나. 1개월 초과 6개월 이내의 기간 경과			100	
다. 6개월 초과 12개월 이내의 기간 경과			200	
라. 12개월 초과의 기간 경과			400	
2. 법 제7조 제7항을 위반하여 경비대행업자 지정신고를 하지 않은 경우	법 제31조 제2항 제2호			
가. 허위로 신고한 경우			400	
나. 그 밖의 사유로 신고하지 않은 경우			300	
3. 법 제9조 제1항을 위반하여 설명의무를 이행하지 않은 경우	법 제31조 제2항 제3호	100	200	400
4. 법 제10조 제3항을 위반하여 결격사유에 해당하는 경비원을 배치하거나 결격사유에 해당하는 경비지도사를 선임·배치한 경우	법 제31조 제2항 제6호	100	200	400
5. 법 제12조 제1항을 위반하여 경비지도사를 선임하지 않은 경우	법 제31조 제2항 제4호	100	200	400
6. 법 제14조 제6항에 따른 감독상 필요한 명령을 정당한 이유없이 이행하지 않은 경우	법 제31조 제2항 제5호		500	
7. 법 제16조 제1항을 위반하여 복장 등에 관한 신고규정을 위반하여 신고를 하지 않은 경우	법 제31조 제2항 제7호	100	200	400

위반행위	해당 법조문	1차	2차	3차 이상
8. 법 제16조 제1항을 위반하여 경비원의 복장에 관한 신고를 하지 않고 집단민원현장에 경비원을 배치한 경우	법 제31조 제1항 제1호	600	1200	2400
9. 법 제16조 제2항을 위반하여 이름표를 부착하게 하지 않거나, 신고된 동일 복장을 착용하게 하지 않고 경비원을 경비업무에 배치한 경우	법 제31조 제2항 제8호	100	200	400
10. 법 제16조 제2항을 위반하여 이름표를 부착하게 하지 않거나, 신고된 동일 복장을 착용하게 하지 않고 집단민원현장에 경비원을 배치한 경우	법 제31조 제1항 제2호	600	1200	2400
11. 법 제18조 제1항 본문을 위반하여 명부를 작성·비치하지 않은 경우	법 제31조 제2항 제9호			
가. 경비원 명부를 비치하지 않은 경우		100	200	400
나. 경비원 명부를 작성하지 않은 경우		50	100	200
12. 법 제18조 제1항 단서를 위반하여 집단민원현장에 배치되는 일반경비원의 명부를 그 배치 장소에 작성·비치하지 않은 경우	법 제31조 제1항 제3호			
가. 경비원 명부를 비치하지 않은 경우		600	1200	2400
나. 경비원 명부를 작성하지 않은 경우		300	600	1200
13. 법 제18조 제2항 각 호 외의 부분 단서를 위반하여 배치허가를 받지 않고 경비원을 배치하거나, 경비원 명단 및 배치일시·배치장소 등 배치허가 신청의 내용을 거짓으로 한 경우	법 제31조 제1항 제4호	1000	2000	3000
14. 법 제18조 제5항을 위반하여 경비원의 근무상황을 기록하여 보관하지 않은 경우	법 제31조 제2항 제10호	50	100	200
15. 법 제18조 제7항을 위반하여 법 제13조에 따른 신임교육을 이수하지 않은 자를 법 제18조 제2항 각 호의 경비원으로 배치한 경우	법 제31조 제1항 제5호	600	1200	2400

비고: 위반행위의 횟수에 따른 과태료의 부과기준은 최근 2년간 같은 위반행위로 과태료 부과처분을 받은 경우에 적용한다. 이 경우 기준 적용일은 위반행위에 대한 과태료 부과처분일과 그 처분 후의 위반행위가 다시 적발된 날을 기준으로 한다.

2
PART

청원경찰법

1
Chapter

청원경찰법의 제정과 개정

Ⅰ 청원경찰법의 제정

청원경찰법은 법률 제1049호로 1962년 4월 3일 제정 시행되었다. 청원경찰법의 제정이유는 소요경비를 부담할 것을 조건으로 경찰관의 배치를 신청하는 경우에 이에 응하여 청원경찰관을 배치하는 제도를 신설함으로써 경찰인력의 부족을 보완하고 건물 등의 경비 및 공안업무에 만전을 기하려는 것이었다.

주요 내용으로는 (1) 청원경찰관의 배치를 신청할 수 있는 자로 중요산업시설 또는 중요사업장의 경영자와 국내주재의 외국기관으로 하며, (2) 청원경찰관배치의 통지를 받은 자는 청원경찰경비를 국고에 납입하도록 한다. (3) 청원경찰관의 직종·임용·교육·보수와 상벌 등은 각령으로 정하도록 하는 내용이다.

Ⅱ 청원경찰법의 개정

청원경찰법은 2017년 현재 정부조직법이나 경찰관직무집행법 등의 개정에 따라 16차례의 일부개정 및 전부개정 과정을 거쳐 오늘에 이르고 있다.

1. 1차 개정(법률 제2666호, 1973.12.31 전부개정)

1973년 시행되고 있는 청원경찰법에 의하면, 청원경찰관의 배치를 받은 시설 또는 사업장의 경영자는 그 경비를 미리 국고에 선납하게 되어 있어 그 회계절차가 복잡할 뿐만 아니라 사업자금의 불필요한 동결현상까지를 초래하고 있으므로 경비의 선납제(先納制)를 폐지하고 직불제로 하는 한편 청원경찰관의 배치범위를 조정하고 그에 대한 무기의 대여규정과 사회보장규정 등을 명문화함으로써 청원경찰제도의 합리적인 운영을 기하려는 것을 내용으로 개정하였다.

① 법률의 목적규정을 신설함. ② 청원경찰을 배치할 수 있는 대상을 확대함. ③ 청원경찰은 관할경찰서장의 감독하에 그 경비구역에 한하여 경찰권을 행사하도록 함. ④ 청원경찰의 배치결정 및 임용은 청원주의 신청과 추천에 의하여 도지사(서울특별시장·부산시장포함)가 행하도록 함. ⑤ 청원경찰의 경비는 내무부장관이 고시하는 기준에 따라 청원자가 직접 지불하도록 함.

2. 2차 개정(법률 제2949호, 1976.12.31 일부개정/시행 1977.2.1)

청원경찰의 배치가 필요한 기관·시설·사업장등에 대하여 청원경찰의 배치요청을 할 수 있도록 함으로써 주요시설등의 자체경비에 만전을 기하려는 것으로, 도지사는 청원경찰의 배치가 필요한 기관·시설·사업장에 대하여 청원경찰의 배치를 요청할 수 있게 함.[1]

3. 3차 개정(법률 제3228호, 1980.1.4 일부개정/시행 1980.4.5)

청원경찰관에게 퇴직금을 지급하도록 하고, 도지사로 하여금 청원경찰의 해임을 명할 수 있도록 하는 등 청원경찰제도를 합리적으로 보완하려는 것임.

① 청원경찰은 도지사가 임용하던 것을 청원주가 임용하도록하되 미리 도지사의 승인을 얻도록 함.[2] ② 청원경찰이 퇴직할 때에는 퇴직금을 지급하도록 명문화함.[3] ③ 도지사는 청원경찰이 법령에 위반하거나 결격사유에 해당하게 된 때에는 청원주에 대하여 그 청원경찰

---

1) 제4조에 제3항을 다음과 같이 신설한다. ③도지사는 청원경찰의 배치가 필요하다고 인정되는 기관의 장 또는 시설·사업장의 경영자에게 청원경찰을 배치할 것을 요청할 수 있다.

2) 제5조 제1항을 다음과 같이 한다.
① 청원경찰은 제4조 제2항의 규정에 의한 청원경찰의 배치결정을 받은 자(이하 "청원주"라 한다)가 임용하되, 그 임용에 있어서는 미리 도지사의 승인을 얻어야 한다.

3) 제7조의2를 다음과 같이 신설한다.
제7조의2 (퇴직금) 청원주는 청원경찰이 퇴직한 때에는 근로기준법의 규정에 의한 퇴직금을 지급하여야 한다. 다만, 국가기관 또는 지방자치단체에 근무하는 청원경찰의 퇴직금에 관하여는 따로 대통령령으로 정한다.

의 해임을 명할 수 있도록 함.[4] ④ 도지사는 청원주를 지도하며, 감독상 필요한 명령을 할 수 있도록 함. ⑤ 도지사의 승인을 얻지 아니하고 청원경찰을 임용한 자등 청원경찰법 위반자에 대하여는 100만원이하의 과태료에 처할 수 있도록 함.[5]

4. 4차 개정(법률 제3371호, 1981.2.14 일부개정/시행 1981.2.14)

청원경찰의 배치 · 임용승인 · 배치의 중지 · 해임명령 및 감독에 관한 도지사의 권한의 일부를 관할경찰서장에게 위임하여 업무의 신속과 간소화를 기하려는 것임.[6]

---

[4] 제9조의2 및 제9조의3을 다음과 같이 신설한다.
제9조의2 (해임명령) ①도지사는 청원경찰이 그 업무에 관하여 이 법 또는 이 법에 의한 명령에 위반하거나 제5조 제2항의 규정에 의한 결격사유에 해당하게 된 때에는 청원주에 대하여 그 청원경찰의 해임을 명할 수 있다. ②청원주가 제1항의 해임명령을 받은 때에는 즉시 해임조치를 하고 도지사에게 보고하여야 한다.

[5] 제9조의3 (감독) ①청원주는 항시 소속청원경찰의 근무수행상황을 감독하고 필요한 교양을 실시하여야 한다.②도지사는 청원경찰의 효율적인 운영을 위하여 청원주를 지도하며 감독상 필요한 명령을 발할 수 있다.
제10조의2를 다음과 같이 신설한다.
제10조의2 (청원경찰의 불법행위에 대한 배상책임) 청원경찰(국가기관 또는 지방자치단체에 근무하는 청원경찰을 제외한다)의 직무상 불법행위에 대한 배상책임에 관하여는 민법의 규정에 의한다.
제12조를 다음과 같이 신설한다.
제12조 (과태료) 다음 각호의 1에 해당하는 자는 100만원이하의 과태료에 처한다.
1. 제4조 제2항의 규정에 의한 도지사의 배치결정을 받지 아니하고 청원경찰을 배치하거나 제5조 제1항의 규정에 의한 도지사의 승인을 얻지 아니하고 청원경찰을 임용한 자
2. 정당한 이유없이 제6조 제2항의 규정에 의하여 내무부장관이 고시한 최저부담기준액이상의 보수를 지급하지 아니한 자
3. 제9조의 규정에 의한 청원경찰의 배치폐지 및 중지의 결정이나 명령에 의하지 아니하고 청원경찰의 배치를 폐지 또는 중지한 자
4. 제9조의2 제1항의 규정에 의한 해임명령을 받고 정당한 이유없이 청원경찰을 해임하지 아니한 자
5. 제9조의3 제2항의 규정에 의한 감독상 필요한 명령을 정당한 이유없이 이행하지 아니한 자

[6] 제10조의3을 다음과 같이 신설한다.
제10조의3(권한의 위임) 도지사는 제4조 · 제5조 제1항 · 제9조 · 제9조의2 및 제9조의3 제2항에 의한 권한을 대통령령이 정하는 바에 의하여 관할경찰서장에게 위임할 수 있다.

5. 5차 개정(법률 제3677호, 1983.12.30 일부개정/시행 1984.1.31)

청원경찰이 배치된 시설이 축소되거나 그 시설의 중요도가 저하되는 등 청원경찰의 배치 인원을 감축할 필요가 있는 경우 도지사는 그 배치인원을 감축할 수 있도록 하고 기타 다른 법률과 관계되는 조문을 정비하려는 것을 내용으로 했다.[7][8]

6. 6차 개정(법률 제5937호, 1999.3.31 일부개정/시행 1999.10.1)

행정규제기본법에 의한 규제정비계획에 따라 청원경찰 배치의 중지·폐지 및 배치인원의 감축에 대한 지방경찰청장의 권한을 폐지하려는 것을 내용으로 일부 개정되었다.

7. 7차 개정(법률 제6466호, 2001.4.7 일부개정/시행 2001.7.8)

7차 개정 개정이유를 보면, 청원경찰의 직권남용방지 등을 위하여 직무범위를 명확히 하고, 지방경찰청장의 청원경찰 해임명령규정을 삭제하여 규제를 완화하는 등 현행 제도의 운영상 나타난 일부 미비점을 개선·보완하려는 것이었다.

7차 개정의 주요 내용은 다음과 같다. ① 청원경찰은 경비목적을 위하여 필요한 범위안에서 경찰관직무집행법에 의한 경찰의 직무를 수행하도록 명시하여 직권남용의 소지를 줄임(법 제3조).[9] ② 청원경찰의 과도한 복무규정을 완화하기 위하여 경찰공무원에 관한 규정을 포괄적으로 준용하던 청원경찰의 복무의무에 관하여 앞으로는 국가공무원법상의 복종의무, 직장이탈금지의무, 비밀엄수의무, 집단행위금지의무 및 경찰공무원법상의 허위보고금지의무규정을 준용하도록 함(법 제5조 제4항).[10] ③ 지방경찰청장의 청원경찰 해임명령규정과

---

7) 제9조에 제3호를 다음과 같이 신설한다.
   3. 청원경찰이 배치된 시설이 축소되거나 당해 시설의 중요도가 저하되는 등 배치인원을 감축할 필요가 있다고 인정될 때

8) 제10조 제1항중 "경찰관직무집행법 제8조의 규정을 적용한다"를 "6월이하의 징역이나 금고에 처한다"로 한다.

9) 제3조중 "청원주"를 "제4조 제2항의 규정에 의하여 청원경찰의 배치결정을 받은 자(이하 "청원주"라 한다)"로, 하고, "그 경비구역내에 한하여"를 "그 경비구역안에 한하여 경비목적을 위하여 필요한 범위안에서"로 한다.

10) 제5조의 제목 "(청원경찰관 임용등)"을 "(청원경찰의 임용 등)"으로 하고, 동조 제2항중 "국가공무원법 제33조 제1항"을 "국가공무원법 제33조"로 하며, 동조 제4항을 다음과 같이 한다.
    ④청원경찰의 복무에 관하여는 국가공무원법 제57조·제58조 제1항·제60조·제66조 제1항 및 경

그에 따른 청원주의 청원경찰 해임의무규정을 삭제함(현행 제9조의2 삭제). ④ 청원경찰의 신분보장을 위하여 형의 선고·징계처분 또는 신체·정신상의 이상으로 직무를 감당하지 못하는 때를 제외하고는 그 의사에 반하여 면직되지 아니하도록 함(법 제10조의4 신설). 11)12)

찰공무원법 제18조의 규정을 준용한다.
11) 제10조의4 내지 제10조의6을 각각 다음과 같이 신설한다.
    제10조의4 (의사에 반한 면직) ①청원경찰은 형의 선고·징계처분 또는 신체·정신상의 이상으로 직무를 감당하지 못할 때를 제외하고는 그 의사에 반하여 면직되지 아니한다.
    ②청원주가 제1항의 규정에 의하여 청원경찰을 면직시킨 때에는 그 사실을 관할경찰서장을 거쳐 지방경찰청장에게 보고하여야 한다.
    제10조의5 (배치의 폐지 등) ①청원주는 청원경찰이 배치된 시설이 폐쇄 또는 축소되어 청원경찰의 배치를 폐지하거나 배치인원을 감축할 필요가 있다고 인정될 때에는 청원경찰의 배치를 폐지하거나 배치인원을 감축할 수 있다. 다만, 청원주가 경비업법에 의한 특수경비원을 배치할 목적으로 청원경찰의 배치를 폐지하거나 배치인원을 감축할 수 없다.
    ②제1항의 규정에 의하여 청원주가 청원경찰을 폐지 또는 감축한 때에는 이를 청원경찰의 배치결정을 한 경찰관서의 장에게 통보하여야 한다. 이 경우 그 사업장이 제4조 제3항의 규정에 의하여 지방경철청장이 청원경찰의 배치를 요청한 사업장인 때에는 그 폐지 또는 감축사유를 구체적으로 명시하여야 한다.
    제10조의6 (당연퇴직) 청원경찰이 다음 각호의 1에 해당할 때에는 당연퇴직된다.
    1. 제5조 제2항의 규정에 의한 임용결격 사유에 해당된 때
    2. 제10조의5의 규정에 의하여 청원경찰의 배치가 폐지된 때
    3. 59세에 달한 때
12) 제11조를 다음과 같이 한다.
    제11조(벌칙) 청원경찰로서 국가공무원법 제66조 제1항의 규정에 위반한 자는 1년 이하의 징역 또는 200만원 이하의 벌금에 처한다.
    제12조 각호외의 부분중 "100만원 이하"를 "500만원 이하"로 하고, 동조 제4호를 삭제하며, 동조에 제2항 내지 제5항을 각각 다음과 같이 신설한다.
    ②제1항의 규정에 의한 과태료는 대통령령이 정하는 바에 의하여 지방경찰청장이 부과·징수한다.
    ③제2항의 규정에 의한 과태료처분에 불복이 있는 자는 그 처분의 고지를 받은 날부터 30일 이내에 지방경찰청장에게 이의를 제기할 수 있다.
    ④제2항의 규정에 의한 과태료처분을 받은 자가 제3항의 규정에 의하여 이의를 제기한 때에는 지방경찰청장은 지체없이 관할법원에 그 사실을 통보하여야 하며, 그 통보를 받은 관할법원은 비송사건절차법에 의한 과태료의 재판을 한다.
    ⑤제3항의 규정에 의한 기간이내에 이의를 제기하지 아니하고 과태료를 납부하지 아니한 때에는 국세체납처분의 예에 의하여 이를 징수한다.

8. 8차 개정(법률 제7662호, 2005.8.4 일부개정/시행 2005.11.5)

국가기관 또는 지방자치단체에 근무하는 청원경찰의 휴직 및 명예퇴직에 관하여 국가공무원법의 관련 규정을 준용하도록 하려는 것을 내용으로 한 것이다.[13]

9. 9차 개정(법률 제10013호, 2010.2.4 일부개정/시행 2010.7.1)

9차 청원경찰법 개정이유를 보면, 공무원 신분이 아님에도 직무의 특수성으로 인하여 복무상 공무원에 준하는 여러 가지 의무를 부담하고 있는 청원경찰에 대한 처우개선을 위하여 청원경찰의 징계에 관한 사항과 국가기관 또는 지방자치단체에 근무하는 청원경찰의 보수에 관한 사항을 법률로 규정하고, 청원경찰의 당연퇴직 연령을 59세에서 60세로 조정하며, 「질서위반행위규제법」의 제정(법률 제8725호, 2007. 12. 21. 공포, 2008. 6. 22. 시행) 취지에 맞게 관련 규정을 하는 한편, 법적 간결성·함축성과 조화를 이루는 범위에서, 법 문장의 표기를 한글화하고 어려운 용어를 쉬운 우리말로 풀어쓰며 복잡한 문장은 체계를 정리하여 간결하게 다듬음으로써 쉽게 읽고 잘 이해할 수 있으며 국민의 언어생활에도 맞는 법률이 되도록 하려는 것이었다.

9차 주요내용으로는 ① 청원주는 청원경찰이 직무상의 의무를 위반하는 등의 경우에는 대통령령으로 정하는 징계절차를 거쳐 징계처분을 하도록 함(법 제5조의2 신설).[14] ② 국가기관 또는 지방자치단체에 근무하는 청원경찰의 보수는 같은 재직기간에 해당하는 경찰공무원의 보수를 감안하여 대통령령으로 정하도록 함(법 제6조 제2항 신설).[15] ③ 청원경찰의 퇴

---

13) 제10조의7을 다음과 같이 신설한다.
   제10조의7(휴직 및 명예퇴직) 국가기관 또는 지방자치단체에 근무하는 청원경찰의 휴직 및 명예퇴직에 관하여는 「국가공무원법」 제71조 내지 제73조, 제74조의2의 규정을 준용한다.

14) 제5조의2(청원경찰의 징계) ① 청원주는 청원경찰이 다음 각 호의 어느 하나에 해당하는 때에는 대통령령으로 정하는 징계절차를 거쳐 징계처분을 하여야 한다.
   1. 직무상의 의무를 위반하거나 직무를 태만히 한 때
   2. 품위를 손상하는 행위를 한 때
   ② 청원경찰에 대한 징계의 종류는 파면, 해임, 정직, 감봉 및 견책으로 구분한다.
   ③ 청원경찰의 징계에 관하여 그 밖에 필요한 사항은 대통령령으로 정한다.

15) 제6조(청원경찰경비) ① 청원주는 다음 각 호의 청원경찰경비를 부담하여야 한다.
   1. 청원경찰에게 지급할 봉급과 각종 수당
   2. 청원경찰의 피복비

직연령을 59세에서 60세로 함(법 제10조의6제3호)16)을 내용으로 하고 있다.

10. 10차 개정(법률 제12921호, 2014.12.30 일부개정/시행 2015.7.1)

국가 또는 지방자치단체에 근무하는 청원경찰은 그 복무에 있어서는 공무원에 준하는 여러 가지 규율과 제약을 받고 있으나 그 신분에 있어서는 공무원이 아니기 때문에 인사상의 처우나 보수 등 근무여건이 열악한 실정이고, 특히 청원경찰의 보수체계가 상위 보수단계로 올라가는 데에 비교적 장기간이 소요되고 있는 실정인바, 이에 청원경찰의 보수를 상향조정하여 청원경찰의 근무여건을 개선하고 장기근무를 유도하려는 것이었다. 한편, 청원경찰이 배치된 기관·시설 또는 사업장 등이 다른 장소로 이전하는 경우에도 그 기관·시설 또는 사업장에 대한 경비는 지속적으로 필요하기 때문에 건물의 이전을 시설 폐쇄의 일종으로 보아 배치폐지 사유로 보는 것은 부적절하므로 배치인원의 변동 사유 없이 단순히 그 기관·시설 또는 사업장을 이전하는 경우 청원주가 배치를 폐지하거나 배치인원을 감축할 수 없도록 하고, 시설의 폐쇄나 축소로 청원경찰의 배치를 폐지하거나 배치인원을 감축하는 경우에도 그 청원주에게 과원이 되는 청원경찰 인원을 그 기관·시설 또는 사업장 내의 유사 업무에 종사하게 하거나 다른 시설·사업장 등에 재배치하는 등 청원경찰의 고용이 보장될 수 있도록 노력해야 할 의무를 부여함으로써 청원경찰의 고용 불안을 해소하고 신분상의 불이익이 발생

---

3. 청원경찰의 교육비

4. 제7조에 따른 보상금 및 제7조의2에 따른 퇴직금

② 국가기관 또는 지방자치단체에 근무하는 청원경찰의 보수는 다음 각 호의 구분에 따라 같은 재직기간에 해당하는 경찰공무원의 보수를 감안하여 대통령령으로 정한다.

1. 재직기간 15년 미만: 순경

2. 재직기간 15년 이상 30년 미만: 경장

3. 재직기간 30년 이상: 경사

③ 청원주의 제1항 제1호에 따른 봉급·수당의 최저부담기준액(국가기관 또는 지방자치단체에 근무하는 청원경찰의 봉급·수당은 제외한다)과 같은 항 제2호 및 제3호에 따른 비용의 부담기준액은 경찰청장이 정하여 고시(告示)한다.

16) 제10조의6(당연 퇴직) 청원경찰이 다음 각 호의 어느 하나에 해당할 때에는 당연 퇴직된다.

1. 제5조 제2항에 따른 임용결격사유에 해당될 때

2. 제10조의5에 따라 청원경찰의 배치가 폐지되었을 때

3. 나이가 60세가 되었을 때. 다만, 그 날이 1월부터 6월 사이에 있으면 6월 30일에, 7월부터 12월 사이에 있으면 12월 31일에 각각 당연 퇴직된다.

하지 않도록 하려는 것이었다.

10차 개정의 주요내용을 보면, ① 국가기관 및 지방자치단체에 근무하는 청원경찰의 보수 단계별 재직기간을 단축하고 보수단계를 한 단계 더 신설하여 보수를 상향조정함(제6조 제2항 각 호).[17] ② 기관ㆍ시설 또는 사업장 등을 청원경찰 배치인원의 변동 사유 없이 단순히 이전하는 경우 청원주가 청원경찰의 배치를 폐지하거나 배치인원을 감축할 수 없도록 명시적으로 규정함(제10조의5 제1항).[18] ③ 시설의 폐쇄나 축소로 청원경찰의 배치를 폐지하거나 배치인원을 감축하는 경우 그 청원주는 과원이 되는 청원경찰 인원을 그 기관ㆍ시설 또는 사업장 내의 유사 업무에 종사하게 하거나 다른 시설ㆍ사업장 등에 재배치하는 등 청원경찰의 고용이 보장될 수 있도록 노력하여야 함(제10조의5 제3항 신설).[19]

---

17) 제6조 제2항 각 호를 다음과 같이 한다.
　　1. 재직기간 15년 미만: 순경
　　2. 재직기간 15년 이상 23년 미만: 경장
　　3. 재직기간 23년 이상 30년 미만: 경사
　　4. 재직기간 30년 이상: 경위
18) 제10조의5 제1항 단서를 다음과 같이 하고, 같은 항에 각 호를 다음과 같이 신설한다. 다만, 청원주는 다음 각 호의 어느 하나에 해당하는 경우에는 청원경찰의 배치를 폐지하거나 배치인원을 감축할 수 없다.
　　1. 청원경찰을 대체할 목적으로 「경비업법」에 따른 특수경비원을 배치하는 경우
　　2. 청원경찰이 배치된 기관ㆍ시설 또는 사업장 등이 배치인원의 변동사유 없이 다른 곳으로 이전하는 경우
19) 제10조의5에 제3항을 다음과 같이 신설한다.
　　③ 제1항에 따라 청원경찰의 배치를 폐지하거나 배치인원을 감축하는 경우 해당 청원주는 배치폐지나 배치인원 감축으로 과원(過員)이 되는 청원경찰 인원을 그 기관ㆍ시설 또는 사업장 내의 유사 업무에 종사하게 하거나 다른 시설ㆍ사업장 등에 재배치하는 등 청원경찰의 고용이 보장될 수 있도록 노력하여야 한다.

2
Chapter

청원경찰법의 내용

Ⅰ 청원경찰법의 목적

청원경찰법은 청원경찰의 직무·임용·배치·보수·사회보장 및 그 밖에 필요한 사항을 규정함으로써 청원경찰의 원활한 운영을 목적으로 한다(청원경찰법 제1조).

Ⅱ 청원경찰의 개념

청원경찰법에서 "청원경찰"이란 다음 각 호의 어느 하나에 해당하는 기관의 장 또는 시설·사업장 등의 경영자가 경비[이하 "청원경찰경비"(請願警察經費)라 한다]를 부담할 것을 조건으로 경찰의 배치를 신청하는 경우 그 기관·시설 또는 사업장 등의 경비(警備)를 담당하게 하기 위하여 배치하는 경찰을 말한다(청원경찰법 제1조).

1. 국가기관 또는 공공단체와 그 관리하에 있는 중요 시설 또는 사업장
2. 국내 주재(駐在) 외국기관
3. 그 밖에 행정자치부령으로 정하는 중요 시설, 사업장 또는 장소[20]

---

20) 「청원경찰법」 제2조 제3호에서 "그 밖에 행정자치부령으로 정하는 중요 시설, 사업장 또는 장소"란 다음 각 호의 시설, 사업장 또는 장소를 말한다(청원경찰법 시행규칙 제2조).
    1. 선박, 항공기 등 수송시설
    2. 금융 또는 보험을 업(業)으로 하는 시설 또는 사업장
    3. 언론, 통신, 방송 또는 인쇄를 업으로 하는 시설 또는 사업장
    4. 학교 등 육영시설
    5. 「의료법」에 따른 의료기관

Ⅲ   청원경찰의 직무

청원경찰은 제4조 제2항에 따라 청원경찰의 배치 결정을 받은 자(이하 "청원주"(請願主)라 한다)와 배치된 기관·시설 또는 사업장 등의 구역을 관할하는 경찰서장의 감독을 받아 그 경비구역만의 경비를 목적으로 필요한 범위에서 「경찰관 직무집행법」[21]에 따른 경찰관의 직무를 수행한다(청원경찰법 제3조).

청원경찰이 청원경찰법에 따른 직무를 수행할 때에는 경비 목적을 위하여 필요한 최소한의 범위에서 하여야 한다(청원경찰법 시행규칙 제21조 제1항). 청원경찰은 「경찰관 직무집행법」에 따른 직무 외의 수사활동 등 사법경찰관리의 직무를 수행해서는 아니 된다(청원경찰법 시행규칙 제21조 제2항).

Ⅳ   청원경찰의 배치

(1) 청원경찰을 배치받으려는 자는 대통령령으로 정하는 바에 따라 관할 지방경찰청장에게 청원경찰 배치를 신청하여야 한다(청원경찰법 제4조 제1항).

청원경찰의 배치를 받으려는 자는 청원경찰 배치신청서에 경비구역 평면도 1부, 배치계획서 1부의 서류를 첨부하여 기관·시설·사업장 또는 장소(이하 "사업장"이라 한다)의 소재지를 관할하는 경찰서장(이하 "관할 경찰서장"이라 한다)을 거쳐 지방경찰청장에게 제출하여야 한다. 이 경우 배치 장소가 둘 이상의 도(특별시, 광역시, 특별자치시 및 특별자치도를

---

6. 그 밖에 공공의 안녕질서 유지와 국민경제를 위하여 고도의 경비(警備)가 필요한 중요 시설, 사업체 또는 장소

21) 경찰관직무집행법 제2조(직무의 범위) 경찰관은 다음 각 호의 직무를 수행한다.
   1. 국민의 생명·신체 및 재산의 보호
   2. 범죄의 예방·진압 및 수사
   3. 경비, 주요 인사(人士) 경호 및 대간첩·대테러 작전 수행
   4. 치안정보의 수집·작성 및 배포
   5. 교통 단속과 교통 위해(危害)의 방지
   6. 외국 정부기관 및 국제기구와의 국제협력
   7. 그 밖에 공공의 안녕과 질서 유지

포함한다. 이하 같다)일 때에는 주된 사업장의 관할 경찰서장을 거쳐 지방경찰청장에게 한 꺼번에 신청할 수 있다(청원경찰법 시행령 제2조).

(2) 지방경찰청장은 청원경찰 배치 신청을 받으면 지체 없이 그 배치 여부를 결정하여 신청인에게 알려야 한다(청원경찰법 제4조 제2항). 지방경찰청장은 청원경찰 배치가 필요하다고 인정하는 기관의 장 또는 시설·사업장의 경영자에게 청원경찰을 배치할 것을 요청할 수 있다(청원경찰법 제4조 제3항).

V 청원경찰의 임용

1. 청원경찰의 임용주체

청원경찰은 청원주가 임용하되, 임용을 할 때에는 미리 지방경찰청장의 승인을 받아야 한다(청원경찰법 제5조 제1항).

2. 청원경찰의 결격사유

「국가공무원법」 제33조[22] 각 호의 어느 하나의 결격사유에 해당하는 사람은 청원경찰로

---

22) 국가공무원법 제33조(결격사유) 다음 각 호의 어느 하나에 해당하는 자는 공무원으로 임용될 수 없다.
   1. 피성년후견인 또는 피한정후견인
   2. 파산선고를 받고 복권되지 아니한 자
   3. 금고 이상의 실형을 선고받고 그 집행이 종료되거나 집행을 받지 아니하기로 확정된 후 5년이 지나지 아니한 자
   4. 금고 이상의 형을 선고받고 그 집행유예 기간이 끝난 날부터 2년이 지나지 아니한 자
   5. 금고 이상의 형의 선고유예를 받은 경우에 그 선고유예 기간 중에 있는 자
   6. 법원의 판결 또는 다른 법률에 따라 자격이 상실되거나 정지된 자
   6의2. 공무원으로 재직기간 중 직무와 관련하여 「형법」 제355조 및 제356조에 규정된 죄를 범한 자로서 300만원 이상의 벌금형을 선고받고 그 형이 확정된 후 2년이 지나지 아니한 자
   6의3. 「형법」 제303조 또는 「성폭력범죄의 처벌 등에 관한 특례법」 제10조에 규정된 죄를 범한 사람으로서 300만원 이상의 벌금형을 선고받고 그 형이 확정된 후 2년이 지나지 아니한 사람
   7. 징계로 파면처분을 받은 때부터 5년이 지나지 아니한 자
   8. 징계로 해임처분을 받은 때부터 3년이 지나지 아니한 자

임용될 수 없다(청원경찰법 제5조 제2항).[23]

3. 청원경찰의 임용자격

청원경찰의 임용자격 · 임용방법 · 교육 및 보수에 관하여는 대통령령으로 정한다(청원경찰법 제5조 제3항).

청원경찰의 임용자격은 다음 각 호와 같다(청원경찰법 시행령 제3조).

1. 18세 이상인 사람. 다만, 남자의 경우에는 군복무를 마쳤거나 군복무가 면제된 사람으로 한정한다.

2. 행정자치부령으로 정하는 신체조건에 해당하는 사람이다.

청원경찰법 시행령에서 요구하는 신체조건은 ① 신체가 건강하고 팔다리가 완전할 것, ② 시력(교정시력을 포함한다)은 양쪽 눈이 각각 0.8 이상일 것을 요한다(청원경찰법 시행규칙 제4조).

4. 청원경찰의 임용방법

청원경찰의 배치 결정을 받은 자(이하 "청원주"라 한다)는 그 배치 결정의 통지를 받은 날부터 30일 이내에 배치 결정된 인원수의 임용예정자에 대하여 청원경찰 임용승인을 지방경찰청장에게 신청하여야 한다(청원경찰법 시행령 제4조 제1항).

청원주가 청원경찰을 임용하였을 때에는 임용한 날부터 10일 이내에 그 임용사항을 관할 경찰서장을 거쳐 지방경찰청장에게 보고하여야 한다. 청원경찰이 퇴직하였을 때에도 또한

---

23) 가. 청원경찰법 제5조 제2항에 의하면 국가공무원법 제33조 제1항 각 호의 1에 해당하는 자는 청원경찰로 임용될 수 없다고 규정하고 있고 국가공무원법 제33조 제1항은 임용결격사유를 규정하면서 그 제5호에서 금고 이상의 형의 선고유예를 받은 경우에 그 선고유예기간 중에 있는 자를 들고 있으며, 청원경찰법 시행령 제15조에 의하면 청원경찰이 다음 각 호의 1에 해당할 때에는 당연퇴직된다고 규정하면서 그 제1호에서 법 제5조 제2항에 의한 임용결격사유에 해당된 때를 들고 있는데, 이들 각 규정은 임용결격사유에 해당하는 자를 청원경찰직무로부터 배제함으로써 그 직무수행에 대한 국민의 신뢰, 청원경찰직에 대한 신용 등을 유지하고 그 직무의 정상적인 운영을 확보하기 위한 것이므로, 이것을 청원경찰임용결격사유 및 당연퇴직사유로 한 입법자의 의사결정은 수긍이 간다. 나. 당연퇴직사유에 해당하여 공무원 신분을 상실한 자가 사실상 공무원으로서 계속 근무하면서 기여금을 납부하여 왔다고 하더라도 그 근무기간은 공무원연금법상의 재직기간에 합산할 수 없다(대법원 1995.9.15, 95누6496).

같다(청원경찰법 시행령 제4조 제2항).

5. 청원경찰의 교육

청원주는 청원경찰로 임용된 사람으로 하여금 경비구역에 배치하기 전에 경찰교육기관에서 직무 수행에 필요한 교육을 받게 하여야 한다. 다만, 경찰교육기관의 교육계획상 부득이하다고 인정할 때에는 우선 배치하고 임용 후 1년 이내에 교육을 받게 할 수 있다(청원경찰법 시행령 제5조 제1항).

경찰공무원(의무경찰을 포함한다) 또는 청원경찰에서 퇴직한 사람이 퇴직한 날부터 3년 이내에 청원경찰로 임용되었을 때에는 제1항에 따른 교육을 면제할 수 있다(청원경찰법 시행령 제5조 제2항).

청원경찰의 교육기간은 2주로 하고, 교육과목 및 수업시간은 별표 1과 같다(청원경찰법 시행규칙 제6조).

[별표 1]

<u>청원경찰의 교육과목 및 수업시간표</u> (제6조 관련)

학과별	과 목		시 간
정신교육	정신교육		8
학술교육	형사법		10
	청원경찰법		5
실무교육	경무	경찰관직무집행법	5
	방범	방범업무	3
		경범죄처벌법	2
	경비	시설경비	6
		소방	4
	정보	대공이론	2
		불심검문	2
	민방위	민방공	3
		화생방	2
	기본훈련		5
	총기조작		2
	총검술		2
	사격		6
술과	체포술 및 호신술		6
기타	입교 · 수료 및 평가		3

6. 청원경찰의 복무

청원경찰의 복무에 관하여는 「국가공무원법」상의 복종의 의무(제57조)[24], 직장이탈 금지 (제58조 제1항)[25], 비밀엄수의 의무(제60조)[26], 집단행위의 금지(제66조 제1항)[27] 및 「경찰 공무원법」상의 거짓 보고 등의 금지(제18조)[28]를 준용한다(청원경찰법 제5조 제4항).

Ⅵ 청원경찰의 징계

1. 청원경찰의 징계사유

청원주는 청원경찰이 다음 각 호의 어느 하나에 해당하는 때에는 대통령령으로 정하는 징 계절차를 거쳐 징계처분을 하여야 한다(청원경찰법 제5조의2 제1항).
  1. 직무상의 의무를 위반하거나 직무를 태만히 한 때
  2. 품위를 손상하는 행위를 한 때

2. 청원경찰의 징계 종류

청원경찰에 대한 징계의 종류는 파면, 해임, 정직, 감봉 및 견책으로 구분한다(청원경찰법 제5조의2 제2항).[29]

---

24) 국가공무원법 제57조(복종의 의무) 공무원은 직무를 수행할 때 소속 상관의 직무상 명령에 복종하여 야 한다.
25) 국가공무원법 제58조(직장 이탈 금지) ① 공무원은 소속 상관의 허가 또는 정당한 사유가 없으면 직 장을 이탈하지 못한다.
26) 국가공무원법 제60조(비밀 엄수의 의무) 공무원은 재직 중은 물론 퇴직 후에도 직무상 알게 된 비밀 을 엄수(嚴守)하여야 한다.
27) 국가공무원법 제66조(집단 행위의 금지) ① 공무원은 노동운동이나 그 밖에 공무 외의 일을 위한 집 단 행위를 하여서는 아니 된다. 다만, 사실상 노무에 종사하는 공무원은 예외로 한다.
28) 경찰공무원법 제18조(거짓 보고 등의 금지) ① 경찰공무원은 직무에 관하여 거짓으로 보고나 통보를 하여서는 아니 된다. ② 경찰공무원은 직무를 게을리하거나 유기(遺棄)해서는 아니 된다.
29) 청원경찰법 제5조 제3항 위헌소원 : 가. 헌법상 법치주의의 한 내용인 법률유보의 원칙은 국민의 기 본권 실현에 관련된 영역에 있어서 국가 행정권의 행사에 관하여 적용되는 것이지, 기본권규범과 관 련 없는 경우에까지 준수되도록 요청되는 것은 아니라 할 것인데, 청원경찰은 근무의 공공성 때문에

청원경찰법상 정직(停職)은 1개월 이상 3개월 이하로 하고, 그 기간에 청원경찰의 신분은 보유하나 직무에 종사하지 못하며, 보수의 3분의 2를 줄인다(청원경찰법 시행령 제8조 제2항). 감봉은 1개월 이상 3개월 이하로 하고, 그 기간에 보수의 3분의 1을 줄인다(청원경찰법 시행령 제8조 제3항). 견책(譴責)은 전과(前過)에 대하여 훈계하고 회개하게 한다(청원경찰법 시행령 제8조 제4항).

3. 관할 경찰서장의 징계요청

관할 경찰서장은 청원경찰이 청원경찰법상(동법 제5조의2 제1항)의 징계사유에 해당한다고 인정되면 청원주에게 해당 청원경찰에 대하여 징계처분을 하도록 요청할 수 있다(청원경찰법 시행령 제8조 제1항).

일정한 경우에 공무원과 유사한 대우를 받고 있는 등으로 일반 근로자와 공무원의 복합적 성질을 가지고 있지만, 그 임면주체는 국가 행정권이 아니라 청원경찰법상의 청원주로서 그 근로관계의 창설과 존속 등이 본질적으로 사법상 고용계약의 성질을 가지는바, 청원경찰의 징계로 인하여 사적 고용계약상의 문제인 근로관계의 존속에 영향을 받을 수 있다 하더라도 이는 국가 행정주체와 관련되고 기본권의 보호가 문제되는 것이 아니어서 여기에 법률유보의 원칙이 적용될 여지가 없으므로, 그 징계에 관한 사항을 법률에 정하지 않았다고 하여 법률유보의 원칙에 위반된다 할 수 없다. 나. 청원경찰의 징계 사유나 종류, 효력, 절차 등은 청원경찰이 배치된 기관·시설 또는 사업장의 특성에 따라 달라질 수 있어 탄력적인 규율의 필요성이 인정되고, 청원경찰 복무의 복합적 성격을 감안하면 대통령령에 규정될 징계 사유, 종류, 효력 및 절차 등, 내용의 대강이 일반 근로자를 기본으로 하되 국가공무원 내지는 경찰공무원의 성질이 가미되는 복합적 내용이 될 것이라는 점을 충분히 예측할 수 있으므로, 이 사건 법률조항은 포괄위임입법금지원칙에 위반되지 아니한다. 다. 청원경찰은 기본적으로 공무원이 아니고 청원주가 임명하는 일반 근로자이므로 공무원과 청원경찰을 동일한 비교집단이라고 보기 어려워 동일한 비교집단임을 전제로 공무원과 비교하여 합리적 이유 없는 차별이 있다고 볼 수 없고, 설령 청원경찰 복무의 공공성만을 취하여 일반 공무원이나 경찰 공무원과 비교하더라도 청원경찰의 징계사유나 종류, 효력, 절차 등이 사업장의 특성에 따라 다르고 경영자가 소요경비를 부담하고 임용 역시 청원주가 결정한다는 점을 고려하면 징계에 관한 규정형식이 일반 공무원과 다르다고 하여 합리적인 이유 없는 차별에 해당한다고 보기 어렵다. 〈재판관 민형기, 재판관 목영준의 반대의견〉: 이 사건 법률조항은 그 업무내용, 의무 및 신분에 있어서 공무원과 유사한 청원경찰의 신분에 변동을 주는 징계의 사유 및 종류 등에 대하여 기본적 사항도 정함이 없이 전부 하위법령에 위임함으로써 그 내용의 대강과 윤곽마저도 전혀 예측할 수 없게 하였고, 그와 같이 위임할 필요성도 인정되지 아니하므로, 포괄위임입법금지원칙에 반하여 헌법에 위반된다(헌재 2010.2.25, 2008헌바160).

4. 청원주의 징계규정 제정과 신고

청원주는 청원경찰 배치 결정의 통지를 받았을 때에는 통지를 받은 날부터 15일 이내에 청원경찰에 대한 징계규정을 제정하여 관할 지방경찰청장에게 신고하여야 한다. 징계규정을 변경할 때에도 또한 같다(청원경찰법 시행령 제8조 제5항). 지방경찰청장은 징계규정의 보완이 필요하다고 인정할 때에는 청원주에게 그 보완을 요구할 수 있다(청원경찰법 시행령 제8조 제6항).

3
Chapter

청원경찰경비

Ⅰ   청원주의 청원경찰경비 부담

청원주는 다음 각 호의 청원경찰경비를 부담하여야 한다(청원경찰법 제6조 제1항).[30]

1. 청원경찰에게 지급할 봉급과 각종 수당

2. 청원경찰의 피복비

3. 청원경찰의 교육비

4. 청원경찰법 제7조에 따른 보상금 및 청원경찰법 제7조의2에 따른 퇴직금

Ⅱ   청원경찰경비의 지급방법 또는 납부방법

청원경찰경비의 지급방법 또는 납부방법은 행정자치부령으로 정한다(청원경찰법 시행령 제12조 제1항).

① 청원경찰의 봉급과 각종 수당은 청원주가 그 청원경찰이 배치된 기관·시설·사업장

---

30) 청원경찰의 보수가 당해 사업장에서 동종 또는 유사 직무 근로자에게 지급하는 임금보다 적어서는 아니 됨을 규정한 청원경찰법 제6조, 같은법시행령 제8조 제1항을 근거로 한 공항 소방대원과의 임금 차액 상당의 금원 지급 청구에 대하여, 한 사업장 내에서 근무하는 근로자라고 하더라도 그 업무의 내용과 성격, 업무의 난이도, 근로자의 경력 기타 모든 사정을 고려하여 그 직급과 직책을 나누어 이에 상응하는 보수를 책정하여 지급하는 것은 원칙적으로 사용자의 권한이라 할 것인데, 한국공항공단의 청원경찰과 소방대의 각 설치 근거 및 감독 관계가 서로 다르고 각 그 업무의 내용이 구별되어 있으므로, 청원경찰이 순찰 중에 화재를 발견하여 진압하는 경우가 있었다고 하더라도 그 점만으로 한국공항공단 소속 청원경찰의 직무가 같은 공단 소방직 근로자인 공항 소방대원의 직무와 동일 또는 유사하다고 볼 수 없어 이를 전제로 한 임금 차액 지급 청구는 이유 없다(대법원 1996.7.30, 95다12804).

또는 장소(이하 "사업장"이라 한다)의 직원에 대한 보수 지급일에 청원경찰에게 직접 지급한다. ② 피복은 청원주가 제작하거나 구입하여 별표 2에 따른 정기지급일 또는 신규 배치 시에 청원경찰에게 현품으로 지급한다. ③ 교육비는 청원주가 해당 청원경찰의 입교(入校) 3일 전에 해당 경찰교육기관에 낸다(청원경찰법 시행규칙 제8조).

Ⅲ 청원주의 봉급·수당의 최저부담기준액의 고시

청원주의 봉급·수당의 최저부담기준액(국가기관 또는 지방자치단체에 근무하는 청원경찰의 봉급·수당은 제외한다)과 청원경찰의 피복비 및 교육비의 부담기준액은 경찰청장이 정하여 고시(告示)한다(청원경찰법 제6조 제3항).

청원경찰경비의 최저부담기준액 및 부담기준액은 경찰공무원 중 순경의 것을 고려하여 다음 연도분을 매년 12월에 고시하여야 한다. 다만, 부득이한 사유가 있을 때에는 수시로 고시할 수 있다(청원경찰법 시행령 제12조 제2항).

Ⅳ 국가기관 또는 지방자치단체에 근무하는 청원경찰의 보수

국가기관 또는 지방자치단체에 근무하는 청원경찰의 보수는 다음 각 호의 구분에 따라 같은 재직기간에 해당하는 경찰공무원의 보수를 감안하여 대통령령으로 정한다(청원경찰법 제6조 제2항).

1. 재직기간 15년 미만: 순경
2. 재직기간 15년 이상 23년 미만: 경장
3. 재직기간 23년 이상 30년 미만: 경사
4. 재직기간 30년 이상: 경위

국가기관 또는 지방자치단체에 근무하는 청원경찰의 봉급은 별표 1과 같다(청원경찰법 시행령 제9조 제1항).

국가기관 또는 지방자치단체에 근무하는 청원경찰의 각종 수당은 「공무원수당 등에 관한 규정」[31]에 따른 수당 중 가계보전수당, 실비변상 등으로 하며, 그 세부 항목은 경찰청장이 정하여 고시한다(청원경찰법 시행령 제9조 제2항).[32]

청원경찰법 제6조 제2항에 따른 재직기간은 청원경찰로서 근무한 기간으로 한다(청원경찰법 시행령 제9조 제3항).

---

[31] 공무원수당 등에 관한 규정 제1조(목적) 이 영은 「국가공무원법」 제47조·제48조 및 「공무원보수규정」 제31조에 따라 국가공무원에게 지급하는 수당과 실비변상 등에 관한 사항을 규정함을 목적으로 한다.

[32] 민원인 - 군경력이 청원경찰의 수당 산정기준에 산입되는지(「청원경찰법 시행령」 제9조 제2항 등 관련) : 【질의요지】 군 또는 전투경찰에 복무한 경력이 「청원경찰법 시행령」 제9조 제2항에 따른 수당의 산정 기준이 되는 경력에 포함되는지?(※ 질의배경 ○ 민원인은 인천광역시 소속 청원경찰로서 경찰청에 "수당 산정의 기준이 되는 경력에 군 또는 전투경찰에 복무한 경력이 산입되는지" 여부를 질의하였고, "봉급 산정의 기준에는 군경력이 포함되나, 수당은 재직기간에 따른다"는 답변을 받자 이에 이견이 있어 법령해석을 요청함). 【회답】 군 또는 전투경찰에 복무한 경력은 「청원경찰법 시행령」 제9조 제2항에 따른 수당의 산정 기준이 되는 경력에 포함되지 않습니다. 【이유】 「청원경찰법 시행령」 제9조 제2항에서는 법 제6조 제2항에 따른 국가기관 또는 지방자치단체에 근무하는 청원경찰의 각종 수당은 「공무원수당 등에 관한 규정」에 따른 수당 중 가계보전수당, 실비변상 등으로 하며, 그 세부 항목은 경찰청장이 정하여 고시한다고 규정하고 있고, 같은 영 제11조 제1항 제2호에서는 군 또는 전투경찰에 복무한 경력을 봉급 산정의 기준이 되는 경력에 산입하도록 규정하고 있는바, 이 사안은 「청원경찰법 시행령」 제9조 제2항에 따른 국가기관 또는 지방자치단체에 근무하는 청원경찰의 수당을 같은 조 제3항의 재직기간을 기준으로 산정해야 하는지, 아니면 같은 영 제11조 제1항 제2호의 군 또는 전투경찰에 복무한 경력을 산입한 봉급 산정의 기준이 되는 경력을 기준으로 산정해야 하는지에 관한 것이라 하겠습니다. 먼저, 「청원경찰법」 제6조 제2항에서는 국가기관 또는 지방자치단체에 근무하는 청원경찰의 보수는 재직기간에 따라 각각 순경, 경장 또는 경사와 같은 계급에 해당하는 경찰공무원의 보수를 감안하여 대통령령으로 정하도록 위임하고 있고, 같은 법 시행령 제9조 제3항에서는 법 제6조 제2항에 따른 재직기간은 청원경찰로서 근무한 기간으로 하는 것으로 명시하고 있습니다. 그런데 「공무원보수규정」 제4조 제1호에 따르면 보수는 봉급과 수당으로 구성되고, 「청원경찰법」 제6조 제2항 및 같은 법 시행령 제9조 제3항의 취지는 청원경찰 보수의 기준을 재직기간으로 삼되, 그 재직기간은 청원경찰로서 근무한 기간으로 하려는 데에 있다고 하겠습니다. 한편, 「청원경찰법 시행령」 제11조 제1항에서는 군 또는 전투경찰에 복무한 경력(제2호) 등을 봉급 산정의 기준이 되는 경력에 산입하도록 하고 있는바, 이는 보수 중 봉급에 관해서는 같은 영 제9조 제3항에 대한 특별한 규정을 둔 것이라 할 것이고, 수당의 산정에 관해서는 이러한 규정을 두지 않고 있으므로 군 또는 전투경찰에 복무한 경력을 수당 산정의 기준으로 삼기는 어렵다고 할 것입니다. 이상과 같은 점을 종합해 볼 때, 군 또는 전투경찰에 복무한 경력은 「청원경찰법 시행령」 제9조 제2항에 따른 수당의 산정 기준이 되는 경력에 포함되지 않습니다(법제처 14-0579, 2014.10.14, 민원인).

Ⅴ   국가기관 또는 지방자치단체에 근무하는 청원경찰 외의 청원경찰의 보수

국가기관 또는 지방자치단체에 근무하는 청원경찰 외의 청원경찰의 봉급과 각종 수당은 경찰청장이 고시한 최저부담기준액 이상으로 지급하여야 한다. 다만, 고시된 최저부담기준액이 배치된 사업장에서 같은 종류의 직무나 유사 직무에 종사하는 근로자에게 지급하는 임금보다 적을 때에는 그 사업장에서 같은 종류의 직무나 유사 직무에 종사하는 근로자에게 지급하는 임금에 상당하는 금액을 지급하여야 한다(청원경찰법 시행령 제10조).

Ⅵ   보수 산정 시의 경력 인정 등

청원경찰의 보수 산정에 관하여 그 배치된 사업장의 취업규칙에 특별한 규정이 없는 경우에는 다음 각 호의 경력을 봉급 산정의 기준이 되는 경력에 산입(算入)하여야 한다(청원경찰법 시행령 제11조 제1항).

1. 청원경찰로 근무한 경력
2. 군 또는 의무경찰에 복무한 경력33)

---

33) 「병역법」에 따른 무관후보생 교육기간이 청원경찰 보수 산정시의 경력에 산입되는지(「청원경찰법 시행령」 제11조 제1항 등 관련) : 【질의요지】 「청원경찰법 시행령」 제11조 제1항에서는 청원경찰의 보수산정에 관하여 그 배치된 사업장의 취업규칙에 특별한 규정이 없는 경우에는 각 호의 경력을 봉급 산정의 기준이 되는 경력에 산입하여야 한다고 규정하면서 같은 항 제2호에서는 군 또는 전투경찰에 복무한 경력을 규정하고 있고, 같은 항 제4호에서는 국가기관 또는 지방자치단체에서 근무하는 청원경찰에 대해서는 국가기관 또는 지방자치단체에서 상근으로 근무한 경력을 규정하고 있으며, 「병역법」 제2조 제1항 제4호에서는 "무관후보생"이란 장교·준사관·부사관의 병적 편입을 위하여 군사교육기관 또는 수련기관 등에서 교육이나 수련 등을 받고 있는 사람을 말한다고 규정하고 있는바, 「병역법」 제2조 제1항 제4호에 따라 무관후보생이 군사교육기관 또는 수련기관 등에서 교육이나 수련 등을 받은 기간(이하 "무관후보생 교육기간"이라 함)이 「청원경찰법 시행령」 제11조 제1항 제2호에 따른 "군에 복무한 경력" 또는 같은 항 제4호에 따른 "국가기관에서 상근으로 근무한 경력"에 해당되는지? 【회답】 「병역법」 제2조 제1항 제4호에 따른 무관후보생 교육기간은 「청원경찰법 시행령」 제11조 제1항 제2호에 따른 "군에 복무한 경력" 또는 같은 항 제4호에 따른 "국가기관에서 상근으로 근무한 경력"에 해당하지 않는다고 할 것입니다. 【이유】 「청원경찰법 시행령」 제11조 제1항에서는 청원경찰의 보수산정에 관하여 그 배치된 사업장의 취업규칙에 특별한 규정이 없는 경우에는 각 호

의 경력을 봉급 산정의 기준이 되는 경력에 산입하여야 한다고 규정하면서 같은 항 제2호에서는 군 또는 전투경찰에 복무한 경력을 규정하고 있고, 같은 항 제4호에서는 국가기관 또는 지방자치단체에서 근무하는 청원경찰에 대해서는 국가기관 또는 지방자치단체에서 상근으로 근무한 경력을 규정하고 있으며, 「병역법」 제2조 제1항 제4호에서는 "무관후보생"이란 장교·준사관·부사관의 병적 편입을 위하여 군사교육기관 또는 수련기관 등에서 교육이나 수련 등을 받고 있는 사람을 말한다고 규정하고 있는바, 이 사안에서는 「병역법」 제2조 제1항 제4호에 따른 무관후보생 교육기간이 「청원경찰법 시행령」 제11조 제1항 제2호에 따른 "군에 복무한 경력" 또는 같은 항 제4호에 따른 "국가기관에서 상근으로 근무한 경력"에 해당되는지가 문제될 수 있습니다. 살피건대, 「청원경찰법 시행령」 제11조 제1항에 따른 보수 산정시의 유사경력 인정 규정은 입법정책적 견지에서 청원경찰로 임용되기 이전의 동일 또는 유사한 경력을 청원경찰로서의 경력으로 인정하여 그 보수를 지급할 수 있도록 하는 예외적 성격의 규정인 점에 비추어 볼 때, 해당규정은 제한적으로 해석하는 것이 타당하다고 할 것인바, 그렇다면 같은 항 제2호에 따른 "군 또는 전투경찰에 복무한 경력"은 병역의무자 또는 직업군인이 상시적·계속적으로 병역에 종사하거나 「전투경찰대 설치법」에 따라 임용된 전투경찰순경과 국가경찰공무원으로서 전투경찰대의 대원으로 복무한 경력을 의미한다고 보는 것이 그 문언의 성격상 상당하다고 할 것입니다. 또한, 이 사안에 있어서 「병역법」에 따른 무관후보생은 장교·준사관·부사관으로 임용되기 전에 군사교육기관 또는 수련기관 등에서 교육이나 수련 등을 받고 있는 사람으로서, 그 신분·근무의 목적 및 내용 등은 「병역법」에 따라 징집되어 현역복무의무를 이행하는 단기복무 군인인 현역병이나 「군인사법」에 따라 장교·준사관·부사관으로 임용되어 복무하는 군인과는 명확히 구분되는 점에 비추어 볼 때, 이러한 무관후보생 교육기간은 국방의 의무를 이행하기 위하여 또는 직업군인으로서 그 복무를 수행하기 위하여 특정 부대 또는 군 기관에 배치되어 상시적·계속적으로 군에 복무한 기간이 아니라고 할 것입니다(대법원 2006. 12. 21. 선고 2004두14748 판결례 참조). 나아가, 「청원경찰법 시행령」 제11조 제1항 제4호의 "국가기관 또는 지방자치단체에서 상근으로 근무한 경력"은 그 문언체계상 일정한 절차에 따라 공무원 또는 그 밖의 직원으로 임용 또는 채용되어 상시적·계속적인 근로관계에 기초하여 복무 또는 근무하는 경우를 의미한다고 보는 것이 상당하다고 할 것인바, 무관후보생의 경우에는 장교·준사관·부사관으로 임용되기 전에 일정한 기간 동안 특정 기관에서 군사교육이나 수련을 받는 자에 불과할 뿐, 국가와 무관후보생 사이에 일정한 근로관계가 형성되거나 존재한다고 볼 수는 없다고 할 것이므로(헌법재판소 2012. 12. 27. 선고 2010헌바406 결정례 참조), 무관후보생 교육기간은 해당 조항에 따른 "국가기관 또는 지방자치단체에서 상근으로 근무한 경력"에 포함되지 아니한다고 할 것입니다. 한편, 무관후보생은 「공무원보수규정」 별표 13에 근거하여 매월 일정한 보수를 지급 받으므로 무관후보생 교육기간을 국가기관에서 상근으로 근무한 경력으로 보아야 한다는 견해가 있을 수 있으나, 「공무원보수규정」 별표 13의 규정은 직업군인에 대하여 그 계급별로 월 보수액을 규정하는 것을 기본으로 하고 있으며, 다만 그 비고란 제2호, 제3호 및 제5호에서는 무관후보생에 대하여, 제6호에서는 현역병에 대하여 매월 일정액을 지급하도록 규정하고 있는데, 이는 일정한 임용 또는 채용 등의 사유에 따라 국가와 근로관계에 있는 자는 아니지만 현역병으로서 병역의무를 이행하는 자 또는 무관후보생으로서 일정 기간 교육을 받는 자의 특수한 지위를 고려하여 실비변상 또는 품위유지·교육 사기 증진의 차원에서 일정액을 지급할 수 있도록 하는 규정이라고 할 것이므로, 해당 규정을 근거로 하여 무관후보생 교육기간을 국가기관에 상근으로 근무

3. 수위·경비원·감시원 또는 그 밖에 청원경찰과 비슷한 직무에 종사하던 사람이 해당 사업장의 청원주에 의하여 청원경찰로 임용된 경우에는 그 직무에 종사한 경력

4. 국가기관 또는 지방자치단체에서 근무하는 청원경찰에 대해서는 국가기관 또는 지방자치단체에서 상근(常勤)으로 근무한 경력[34][35]

한 경력에 해당한다고 볼 수는 없다고 할 것입니다. 따라서, 「병역법」 제2조 제1항 제4호에 따른 무관후보생 교육기간은 「청원경찰법 시행령」 제11조 제1항 제2호에 따른 "군에 복무한 경력" 또는 같은 항 제4호에 따른 "국가기관에서 상근으로 근무한 경력"에 해당하지 않는다고 할 것입니다(법제처 13-0525, 2013.12.16, 경찰청).

34) 공립학교 학교회계직원의 근무경력을 청원경찰 보수 산정시의 경력으로 인정할 수 있는지(「청원경찰법 시행령」 제11조 제1항 제4호 관련) : 【질의요지】 지방자치단체에서 근무하게 된 청원경찰의 보수를 산정하는 경우에 "공립학교"에서 학교회계직원으로 근무한 경력을 「청원경찰법 시행령」 제11조 제1항 제4호에 따라 "지방자치단체"에서 근무한 경력으로 볼 수 있는지? 〈 질의 배경 〉 ○ 민원인은 공립고등학교에서 학교장과 근로계약을 체결하고 행정업무를 수행하는 학교회계직원으로 근무하다가 지방자치단체에서 근무하는 청원경찰로 이직하게 되었고, 공립고등학교에서 학교회계직원으로 근무했던 경력이 청원경찰의 보수 산정시 「청원경찰법 시행령」 제11조 제1항 제4호에 의한 경력으로 인정되는지 여부를 경찰청에 질의하자, 경찰청에서 법제처에 법령해석을 요청함. 【회답】 지방자치단체에서 근무하게 된 청원경찰의 보수를 산정하는 경우에 "공립학교"에서 학교회계직원으로 근무한 경력은 「청원경찰법 시행령」 제11조 제1항 제4호에 따라 "지방자치단체"에서 근무한 경력으로 볼 수 없습니다. 【이유】 「청원경찰법 시행령」 제11조 제1항 각 호 외의 부분에서는 청원경찰의 보수 산정에 관하여 그 배치된 사업장의 취업규칙에 특별한 규정이 없는 경우에는 각 호의 경력을 봉급산정의 기준이 되는 경력에 산입하여야 한다고 규정하고 있고, 같은 항 제4호에서는 국가기관 또는 지방자치단체에서 근무하는 청원경찰에 대해서는 국가기관 또는 지방자치단체에서 상근으로 근무한 경력을 산입하여야 한다고 규정하고 있는바, 이 사안은 지방자치단체에서 근무하게 된 청원경찰의 보수를 산정하는 경우에 "공립학교"에서 학교회계직원으로 근무한 경력을 「청원경찰법 시행령」 제11조 제1항 제4호에 따라 "지방자치단체"에서 근무한 경력으로 인정할 수 있는지에 관한 것이라 하겠습니다. 먼저, 「청원경찰법 시행령」 제11조 제1항에 따른 보수 산정 시의 유사경력 인정 규정은 입법정책적 견지에서 청원경찰로 임용되기 이전의 동일 또는 유사한 경력을 청원경찰로서의 경력으로 인정하여 그 보수를 지급할 수 있도록 하는 예외적 성격의 규정이므로 해당 규정은 제한적으로 해석하여야 할 것인바(법제처 2013. 12. 16. 회신 13-0525 해석례 참조), 「청원경찰법 시행령」 제11조 제1항 제4호에서는 보수 산정 시 인정되는 경력으로 "국가기관 또는 지방자치단체"에서 근무한 경력이라고 명시하고 있고, 그 외에 지방자치단체가 설립한 "공립학교" 등에서 근무한 경력에 대해서 이를 인정한다는 규정은 없습니다. 또한, "국가기관"이라는 용어를 사용하고 있는 입법례에서도 이를 "국회, 법원, 헌법재판소, 중앙선거관리위원회, 중앙행정기관(대통령 소속 기관과 국무총리 소속 기관을 포함함) 및 그 소속기관, 「행정기관 소속 위원회의 설치·운영에 관한 법률」에 따른 위원회"로 규정하여 그 범위를 한정하고 있는 점(「공공기관의 정보공개에 관한 법률」 제2조 제3호 가목)과 「지방자치법」 제2조 제1항에서 지방자치단체의 종류를 "특별시, 광역시, 특별자치시, 도, 특별자치도"(제1호) 또는

"시, 군, 구"(제2호)로 제한하여 규정하고 있는 점에 비추어 보면, 「청원경찰법 시행령」 제11조 제1항 제4호의 "지방자치단체"는 「지방자치법」 제2조 제1항에 열거된 것에 한정된다고 보아야 할 것입니다. 한편, 「지방교육자치에 관한 법률」 제3조에서 지방자치단체의 교육·학예에 관한 사무를 관장하는 기관의 설치와 그 조직 및 운영 등에 관하여 그 성질에 반하지 않는 한 「지방자치법」의 관련 규정을 준용한다고 규정하고 있으므로 공립학교에서 근무한 경력은 지방자치단체에서 근무한 경력으로 보아야 한다는 의견이 있을 수 있으나, 이 규정으로 인하여 공립학교의 법적 성격이 지방자치단체로 전환될 수 있는 것은 아니고, 앞서 살펴 본 바와 같이 「청원경찰법 시행령」 제11조 제1항은 예외적 성격의 규정으로서 제한적으로 해석해야 할 것이므로, 그러한 의견은 타당하지 않습니다. 따라서, 지방자치단체에서 근무하게 된 청원경찰의 보수를 산정하는 경우에 "공립학교"에서 학교회계직원으로 근무한 경력은 「청원경찰법 시행령」 제11조 제1항 제4호에 따라 "지방자치단체"에서 근무한 경력으로 볼 수 없다고 할 것입니다(법제처 15-0518, 2015.11.2, 경찰청).

35) 지방자치단체에서 근무하고 있는 청원경찰의 보수 산정시 「청원경찰법 시행령」 제11조 제1항에 따른 경력 산입 비율(「청원경찰법 시행령」 제11조 제1항 관련) : 【질의요지】 지방자치단체에서 근무하고 있는 청원경찰의 보수 산정시 지방자치단체의 취업규칙에 청원경찰의 경력 산정에 관한 별도의 규정이 없는 경우에는, 「청원경찰법 시행령」 제11조 제1항 제4호에 따라 봉급 산정의 기준이 되는 경력에 지방자치단체에서 상근으로 근무한 경력을 100% 산입해야 하는지? 【회답】 <u>지방자치단체에서 근무하고 있는 청원경찰의 보수 산정시 지방자치단체의 취업규칙에 청원경찰의 경력 산정에 관한 별도의 규정이 없는 경우에는, 「청원경찰법 시행령」 제11조 제1항 제4호에 따라 봉급 산정의 기준이 되는 경력에 지방자치단체에서 상근으로 근무한 경력을 100% 산입해야 합니다.</u> 【이유】 먼저 지방자치단체에서 근무하는 청원경찰의 보수 산정에 관하여 살펴보면, 「청원경찰법」 제6조 제2항에서는 지방자치단체에 근무하는 청원경찰의 보수는 경찰공무원의 보수를 감안하여 대통령령으로 정하도록 위임하고 있고, 이에 따라 같은 법 시행령 제9조에서는 지방자치단체에 근무하는 청원경찰의 보수를 봉급과 각종 수당으로 구분하여 봉급은 별표 1(재직기간에 따라 1호봉에서 31호봉까지 월 지급액을 구분하고 있음)로, 수당의 세부 항목은 경찰청장이 정하여 고시하도록 하고 있으며, 같은 법 시행령 제11조 제1항에서는 청원경찰의 보수를 산정할 때의 경력 인정에 대하여 정하고 있는데, 청원경찰의 보수 산정에 관하여 청원경찰이 배치된 사업장의 취업규칙에 특별한 규정이 없는 경우, 청원경찰의 보수 산정에 관하여는 각 호의 경력을 봉급 산정의 기준이 되는 경력에 산입하도록 규정하면서, 같은 항 제4호에서 지방자치단체에서 근무하는 청원경찰에 대해서는 지방자치단체에서 상근으로 근무한 경력만을 규정하고 있을 뿐, 별도로 「지방공무원 보수규정」을 준용하도록 하는 규정은 두고 있지 않은바, 해당 지방자치단체의 취업규칙에서 경력환산율 등 청원경찰의 보수 산정에 관하여 특별히 규정하고 있지 않다면, 지방자치단체에서 근무하는 청원경찰의 보수를 산정할 때에 지방자치단체에서 상근으로 근무한 경력이 있다면, 그 경력은 모두 청원경찰의 보수 산정의 기준이 되는 경력에 산입하여야 할 것입니다. 한편, 「지방공무원 보수규정」 제8조, 별표 2 및 그 위임을 받은 행정안전부 예규인 「지방공무원보수업무 등 처리지침」에서는 지방공무원으로 신규임용시 초임호봉을 산정할 때에 종전에 지방자치단체에서 임시직·촉탁·잡급 등으로 근무한 경력 중 지방자치단체에서 사실상 공무를 수행하고 3개월 이상 상근한 경력 중 50%를 인정한다고 규정하고 있는바, 이는 해당 유사경력을 가진 사람이 지방공무원으로 신규임용되어 초임호봉을 획정할 때 적용되는 규정이므로, 지방자치단체

국가기관 또는 지방자치단체에 근무하는 청원경찰 보수의 호봉 간 승급기간은 경찰공무원의 승급기간에 관한 규정을 준용한다(청원경찰법 시행령 제11조 제2항).

국가기관 또는 지방자치단체에 근무하는 청원경찰 외의 청원경찰 보수의 호봉 간 승급기간 및 승급액은 그 배치된 사업장의 취업규칙에 따르며, 이에 관한 취업규칙이 없을 때에는 순경의 승급에 관한 규정을 준용한다(청원경찰법 시행령 제11조 제3항).

에서 근무하는 청원경찰의 보수 산정에 관하여 「지방공무원 보수규정」을 준용하는 규정을 두고 있지 아니하는 한, 「지방공무원 보수규정」에 따른 경력 산정 기준을 적용할 수는 없을 것입니다. 더구나 「청원경찰법 시행령」 제18조에서는 청원경찰은 「형법」이나 그 밖의 법령에 따른 벌칙을 적용하는 경우와 「청원경찰법」 및 그 시행령에서 특별히 규정한 경우를 제외하고는 공무원으로 보지 아니한다고 하여, 청원경찰의 신분이 공무원이 아님을 명확히 하고 있으므로, 청원경찰의 보수 산정에 관해서도 공무원 보수 관련 법령을 준용하는 규정을 두고 있지 아니하는 한, 청원경찰법령에서 정하는 경력 산정 기준을 적용하여야 할 것이고, 공무원의 경력 산정 기준을 적용할 수는 없을 것입니다. 따라서 지방자치단체에서 근무하고 있는 청원경찰의 보수 산정시 지방자치단체의 취업규칙에 청원경찰의 경력 산정에 관한 별도의 규정이 없는 경우에는, 「청원경찰법 시행령」 제11조 제1항 제4호에 따라 봉급 산정의 기준이 되는 경력에 지방자치단체에서 상근으로 근무한 경력을 100% 산입해야 합니다(법제처 11-0077, 2011.3.17).

4
Chapter

보상금과 퇴직금

Ⅰ 보상금

청원주는 청원경찰이 다음 각 호의 어느 하나에 해당하게 되면 대통령령으로 정하는 바에 따라 청원경찰 본인 또는 그 유족에게 보상금을 지급하여야 한다(청원경찰법 제7조).

1. 직무수행으로 인하여 부상을 입거나, 질병에 걸리거나 또는 사망한 경우
2. 직무상의 부상·질병으로 인하여 퇴직하거나, 퇴직 후 2년 이내에 사망한 경우

청원주는 보상금의 지급을 이행하기 위하여 「산업재해보상보험법」에 따른 산업재해보상 보험에 가입하거나, 「근로기준법」에 따라 보상금을 지급하기 위한 재원(財源)을 따로 마련하여야 한다(청원경찰법 시행령 제13조).

Ⅱ 퇴직금

청원주는 청원경찰이 퇴직할 때에는 「근로자퇴직급여 보장법」[36]에 따른 퇴직금을 지급하여야 한다. 다만, 국가기관이나 지방자치단체에 근무하는 청원경찰의 퇴직금에 관하여는 따로 대통령령으로 정한다(청원경찰법 제7조의2).

---

[36] 근로자퇴직급여 보장법 제1조(목적) 이 법은 근로자 퇴직급여제도의 설정 및 운영에 필요한 사항을 정함으로써 근로자의 안정적인 노후생활 보장에 이바지함을 목적으로 한다.

5 청원경찰의 제복 착용과 무기 휴대

Chapter

Ⅰ 청원경찰의 제복 착용과 무기 휴대

청원경찰은 근무 중 제복을 착용하여야 한다(청원경찰법 제8조 제1항). 청원경찰의 복제 (服制)와 무기 휴대에 필요한 사항은 대통령령으로 정한다(청원경찰법 제8조 제3항).

1. 청원경찰의 복제

청원경찰의 복제(服制)는 제복·장구(裝具) 및 부속물로 구분한다(청원경찰법 시행령 제 14조 제1항). 청원경찰이 그 배치지의 특수성 등으로 특수복장을 착용할 필요가 있을 때에는 청원주는 지방경찰청장의 승인을 받아 특수복장을 착용하게 할 수 있다(청원경찰법 시행령 제14조 제3항). 청원경찰의 제복·장구 및 부속물에 관하여 필요한 사항은 행정자치부령으로 정한다(청원경찰법 시행령 제14조 제1항).

(1) 청원경찰의 제복·장구(裝具) 및 부속물의 종류

청원경찰의 제복·장구(裝具) 및 부속물의 종류는 다음 각 호와 같다(청원경찰법 시행규 칙 제9조 제1항).

1. 제 복: 정모(正帽), 기동모, 근무복(하복, 동복), 성하복(盛夏服), 기동복, 점퍼, 비옷, 방 한복, 외투, 단화, 기동화 및 방한화
2. 장 구: 허리띠, 경찰봉, 호루라기 및 포승(捕繩)
3. 부속물: 모자표장, 가슴표장, 휘장, 계급장, 넥타이핀, 단추 및 장갑

(2) 청원경찰의 제복·장구(裝具) 및 부속물의 종류의 제질과 재질

청원경찰의 제복 · 장구(裝具) 및 부속물의 제식(制式)과 재질은 다음 각 호와 같다(청원경
찰법 시행규칙 제9조 제2항).

1. 제복의 제식 및 재질은 청원주가 결정하되, 경찰공무원 또는 군인 제복의 색상과 명확하
   게 구별될 수 있어야 하며, 사업장별로 통일하여야 한다. 다만, 기동모와 기동복의 색상
   은 진한 청색으로 하고, 기동복의 제식은 [별도 1]과 같이 한다.
2. 장구의 제식과 재질은 경찰 장구와 같이 한다.
3. 부속물의 제식과 재질은 다음 각 목과 같이 한다.
   가. 모자표장의 제식과 재질은 [별도 2]와 같이 하되, 기동모의 표장은 정모 표장의 2분
       의 1 크기로 할 것.
   나. 가슴표장, 휘장, 계급장, 넥타이핀 및 단추의 제식과 재질은 [별도 3]부터 [별도 7]까
       지와 같이 할 것.

[별도 1]

기동복의 제식

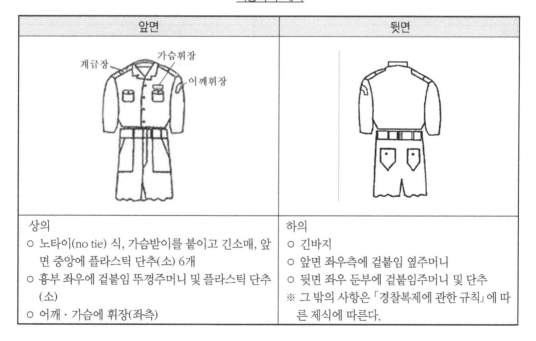

앞면	뒷면
상의 ○ 노타이(no tie) 식, 가슴받이를 붙이고 긴소매, 앞면 중앙에 플라스틱 단추(소) 6개 ○ 흉부 좌우에 겉붙임 뚜껑주머니 및 플라스틱 단추(소) ○ 어깨 · 가슴에 휘장(좌측)	하의 ○ 긴바지 ○ 앞면 좌우측에 겉붙임 옆주머니 ○ 뒷면 좌우 둔부에 겉붙임주머니 및 단추 ※ 그 밖의 사항은 「경찰복제에 관한 규칙」에 따른 제식에 따른다.

(3) 청원경찰의 근무복장

청원경찰은 평상근무 중에는 정모, 근무복, 단화, 호루라기, 경찰봉 및 포승을 착용하거나 휴대하여야 하고, 총기를 휴대하지 아니할 때에는 분사기를 휴대하여야 하며, 교육훈련이나 그 밖의 특수근무 중에는 기동모, 기동복, 기동화 및 휘장을 착용하거나 부착하되, 허리띠와 경찰봉은 착용하거나 휴대하지 아니할 수 있다(청원경찰법 시행규칙 제9조 제3항).

가슴표장, 휘장 및 계급장을 달거나 부착할 위치는 [별도 8]과 같다(청원경찰법 시행규칙 제9조 제4항).

[별도 8]

부속물의 위치

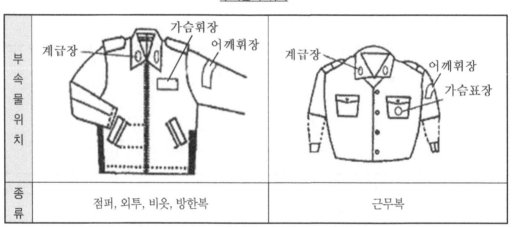

부 속 물 위 치		
종 류	점퍼, 외투, 비옷, 방한복	근무복

(4) 제복의 착용시기

하복·동복의 착용시기는 사업장별로 청원주가 결정하되, 착용시기를 통일하여야 한다(청원경찰법 시행규칙 제10조).

2. 청원경찰의 무기휴대

지방경찰청장은 청원경찰이 직무를 수행하기 위하여 필요하다고 인정하면 청원주의 신청을 받아 관할 경찰서장으로 하여금 청원경찰에게 무기를 대여하여 지니게 할 수 있다(청원경찰법 제8조 제2항). 무기를 대여하였을 때에는 관할 경찰서장은 청원경찰의 무기관리 상황을 수시로 점검하여야 한다(청원경찰법 시행령 제16조 제3항).

(1) 무기대여 신청

청원주가 청원경찰이 휴대할 무기를 대여받으려는 경우에는 관할 경찰서장을 거쳐 지방경찰청장에게 무기대여를 신청하여야 한다(청원경찰법 시행령 제16조 제1항).

신청을 받은 지방경찰청장이 무기를 대여하여 휴대하게 하려는 경우에는 청원주로부터 국가에 기부채납된 무기에 한정하여 관할 경찰서장으로 하여금 무기를 대여하여 휴대하게 할 수 있다(청원경찰법 시행령 제16조 제2항).

(2) 청원주와 청원경찰의 무기관리수칙의 준수

청원주 및 청원경찰은 행정자치부령으로 정하는 무기관리수칙을 준수하여야 한다(청원경찰법 시행령 제16조 제4항).

1) 청원주의 무기와 탄약관리

무기와 탄약을 대여받은 청원주는 다음 각 호에 따라 무기와 탄약을 관리하여야 한다(청원경찰법 시행규칙 제16조 제1항).

1. 청원주가 무기와 탄약을 대여받았을 때에는 경찰청장이 정하는 무기 · 탄약 출납부 및 무기장비 운영카드를 갖춰 두고 기록하여야 한다.
2. 청원주는 무기와 탄약의 관리를 위하여 관리책임자를 지정하고 관할 경찰서장에게 그 사실을 통보하여야 한다.
3. 무기고 및 탄약고는 단층에 설치하고 환기 · 방습 · 방화 및 총가(銃架) 등의 시설을 하여야 한다.
4. 탄약고는 무기고와 떨어진 곳에 설치하고, 그 위치는 사무실이나 그 밖에 여러 사람을 수용하거나 여러 사람이 오고 가는 시설로부터 격리되어야 한다.
5. 무기고와 탄약고에는 이중 잠금장치를 하고, 열쇠는 관리책임자가 보관하되, 근무시간 이후에는 숙직책임자에게 인계하여 보관시켜야 한다.
6. 청원주는 경찰청장이 정하는 바에 따라 매월 무기와 탄약의 관리 실태를 파악하여 다음 달 3일까지 관할 경찰서장에게 통보하여야 한다.
7. 청원주는 대여받은 무기와 탄약에 분실 · 도난 · 피탈(被奪) 또는 훼손 등의 사고가 발생하였을 때에는 지체 없이 그 사유를 관할 경찰서장에게 통보하여야 한다.
8. 청원주는 무기와 탄약이 분실 · 도난 · 피탈 또는 훼손되었을 때에는 경찰청장이 정하는

바에 따라 그 전액을 배상하여야 한다. 다만, 전시·사변·천재지변이나 그 밖의 불가항력적인 사유가 있다고 지방경찰청장이 인정하였을 때에는 그러하지 아니하다.

2) 청원주의 무기·탄약의 출납

무기와 탄약을 대여받은 청원주가 청원경찰에게 무기와 탄약을 출납하려는 경우에는 다음 각 호에 따라야 한다. 다만, 관할 경찰서장의 지시에 따라 제2호에 따른 탄약의 수를 늘리거나 줄일 수 있고, 무기와 탄약의 출납을 중지할 수 있으며, 무기와 탄약을 회수하여 집중관리할 수 있다(청원경찰법 시행규칙 제16조 제2항).

1. 무기와 탄약을 출납하였을 때에는 무기·탄약 출납부에 그 출납사항을 기록하여야 한다.
2. 소총의 탄약은 1정당 15발 이내, 권총의 탄약은 1정당 7발 이내로 출납하여야 한다. 이 경우 생산된 후 오래된 탄약을 우선하여 출납하여야 한다.
3. 청원경찰에게 지급한 무기와 탄약은 매주 1회 이상 손질하게 하여야 한다.
4. 수리가 필요한 무기가 있을 때에는 그 목록과 무기장비 운영카드를 첨부하여 관할 경찰서장에게 수리를 요청할 수 있다.

3) 무기·탄약을 지급받은 청원경찰의 준수 사항

청원주로부터 무기와 탄약을 지급받은 청원경찰은 다음 각 호의 사항을 준수하여야 한다(청원경찰법 시행규칙 제16조 제3항).

1. 무기를 지급받거나 반납할 때 또는 인계인수할 때에는 반드시 "앞에 총" 자세에서 "검사 총"을 하여야 한다.
2. 무기와 탄약을 지급받았을 때에는 별도의 지시가 없으면 무기와 탄약을 분리하여 휴대하여야 하며, 소총은 "우로 어깨 걸어 총"의 자세를 유지하고, 권총은 "권총집에 넣어 총"의 자세를 유지하여야 한다.
3. 지급받은 무기는 다른 사람에게 보관 또는 휴대하게 할 수 없으며 손질을 의뢰할 수 없다.
4. 무기를 손질하거나 조작할 때에는 반드시 총구를 공중으로 향하게 하여야 한다.
5. 무기와 탄약을 반납할 때에는 손질을 철저히 하여야 한다.
6. 근무시간 이후에는 무기와 탄약을 청원주에게 반납하거나 교대근무자에게 인계하여야 한다.

4) 무기·탄약의 지급이 금지되는 사람

청원주는 다음 각 호의 어느 하나에 해당하는 청원경찰에게 무기와 탄약을 지급해서는 아니 되며, 지급한 무기와 탄약은 회수하여야 한다(청원경찰법 시행규칙 제16조 제4항).

1. 직무상 비위(非違)로 징계 대상이 된 사람

2. 형사사건으로 조사 대상이 된 사람

3. 사의(辭意)를 밝힌 사람

4. 평소에 불평이 심하고 염세적인 사람

5. 주벽(酒癖)이 심한 사람

6. 변태적 성벽(性癖)이 있는 사람

Ⅱ 청원경찰의 분사기 휴대

청원주는 「총포·도검·화약류 등의 안전관리에 관한 법률」[37]에 따른 분사기의 소지허가를 받아 청원경찰로 하여금 그 분사기를 휴대하여 직무를 수행하게 할 수 있다(청원경찰법 시행령 제15조).

* [총포·도검·화약류 등의 안전관리에 관한 법률]

총포·도검·화약류 등의 안전관리에 관한 법률에서 "분사기"란 사람의 활동을 일시적으로 곤란하게 하는 최루(催淚) 또는 질식 등을 유발하는 작용제를 분사할 수 있는 기기로서 대통령령으로 정하는 것을 말한다(총포·도검·화약류 등의 안전관리에 관한 법률 제2조 제4항).

---

37) 총포·도검·화약류 등의 안전관리에 관한 법률 제1조(목적) 이 법은 총포·도검·화약류·분사기·전자충격기·석궁의 제조·판매·임대·운반·소지·사용과 그 밖에 안전관리에 관한 사항을 정하여 총포·도검·화약류·분사기·전자충격기·석궁으로 인한 위험과 재해를 미리 방지함으로써 공공의 안전을 유지하는 데 이바지함을 목적으로 한다.

* [총포·도검·화약류 등의 안전관리에 관한 법률 시행령]

총포 · 도검 · 화약류 등의 안전관리에 관한 법률에 의한 분사기는 사람의 활동을 일시적
으로 곤란하게 하는 최루 또는 질식등의 작용제를 내장된 압축가스의 힘으로 분사하는
기기로서 다음 각호의 1에 해당하는 것으로 한다. 다만, 살균 · 살충용 및 산업용 분사기
를 제외한다(총포 · 도검 · 화약류 등의 안전관리에 관한 법률 시행령 제6조의2).
1. 총포형 분사기
2. 막대형 분사기
3. 만년필형 분사기
4. 기타 휴대형 분사기

6
Chapter

청원주의 감독 등

Ⅰ   감독

청원주는 항상 소속 청원경찰의 근무 상황을 감독하고, 근무 수행에 필요한 교육을 하여야 한다(청원경찰법 제9조의3 제1항).

지방경찰청장은 청원경찰의 효율적인 운영을 위하여 청원주를 지도하며 감독상 필요한 명령을 할 수 있다(청원경찰법 제9조의3 제2항).

Ⅱ   직권남용 금지와 벌칙

청원경찰이 직무를 수행할 때 직권을 남용하여 국민에게 해를 끼친 경우에는 6개월 이하의 징역이나 금고에 처한다(청원경찰법 제10조 제1항).

Ⅲ   청원경찰의 신분과 벌칙의 적용

청원경찰 업무에 종사하는 사람은 「형법」이나 그 밖의 법령에 따른 벌칙을 적용할 때에는 공무원으로 본다(청원경찰법 제10조 제2항). 그러나 청원경찰은 「형법」이나 그 밖의 법령에 따른 벌칙을 적용하는 경우와 청원경찰법 및 동법 시행령에서 특별히 규정한 경우를 제외하고는 공무원으로 보지 아니한다(청원경찰법 시행령 제18조).

Ⅳ 청원경찰의 불법행위에 대한 배상책임

청원경찰(국가기관이나 지방자치단체에 근무하는 청원경찰은 제외한다)의 직무상 불법행위에 대한 배상책임에 관하여는 「민법」의 규정을 따른다(청원경찰법 제10조의2).

Ⅴ 청원경찰법과 권한의 위임

청원경찰법에 따른 지방경찰청장의 권한은 그 일부를 대통령령으로 정하는 바에 따라 관할 경찰서장에게 위임할 수 있다(청원경찰법 제10조의3).

지방경찰청장은 다음 각 호의 권한을 관할 경찰서장에게 위임한다. 다만, 청원경찰을 배치하고 있는 사업장이 하나의 경찰서의 관할구역에 있는 경우로 한정한다(청원경찰법 시행령 제20조).

1. 청원경찰법 제4조 제2항 및 제3항에 따른 청원경찰 배치의 결정 및 요청에 관한 권한
2. 청원경찰법 제5조 제1항에 따른 청원경찰의 임용승인에 관한 권한
3. 청원경찰법 제9조의3 제2항에 따른 청원주에 대한 지도 및 감독상 필요한 명령에 관한 권한
4. 청원경찰법 제12조에 따른 과태료 부과·징수에 관한 권한

Ⅵ 청원경찰과 면직

청원경찰은 형의 선고, 징계처분 또는 신체상·정신상의 이상으로 직무를 감당하지 못할 때를 제외하고는 그 의사(意思)에 반하여 면직(免職)되지 아니한다(청원경찰법 제10조의4 제1항).[38][39]

---

38) 사용자가 근로자로부터 사직서를 제출받고 이를 수리하는 의원면직의 형식을 취하여 근로계약관계를 종료시킨 경우, 사직의 의사 없는 근로자로 하여금 어쩔 수 없이 사직서를 작성 제출하게 하였다면

청원주가 청원경찰을 면직시켰을 때에는 그 사실을 관할 경찰서장을 거쳐 지방경찰청장에게 보고하여야 한다(청원경찰법 제10조의4 제2항).

VII 청원경찰 배치의 폐지와 감축

청원주는 청원경찰이 배치된 시설이 폐쇄되거나 축소되어 청원경찰의 배치를 폐지하거나 배치인원을 감축할 필요가 있다고 인정하면 청원경찰의 배치를 폐지하거나 배치인원을 감축할 수 있다. 다만, 청원주는 다음 각 호의 어느 하나에 해당하는 경우에는 청원경찰의 배치를 폐지하거나 배치인원을 감축할 수 없다(청원경찰법 제10조의5 제1항).

1. 청원경찰을 대체할 목적으로 「경비업법」에 따른 특수경비원을 배치하는 경우
2. 청원경찰이 배치된 기관·시설 또는 사업장 등이 배치인원의 변동사유 없이 다른 곳으로 이전하는 경우

1. 청원경찰의 폐지·감축과 통지

청원주가 청원경찰을 폐지하거나 감축하였을 때에는 청원경찰 배치 결정을 한 경찰관서의 장에게 알려야 하며, 그 사업장이 지방경찰청장이 청원경찰의 배치를 요청한 사업장일 때에는 그 폐지 또는 감축 사유를 구체적으로 밝혀야 한다(청원경찰법 제10조의5 제2항).[40]

실질적으로 사용자의 일방적인 의사에 의하여 근로계약관계를 종료시키는 것이어서 해고에 해당한다고 할 것이나, 그렇지 않은 경우에는 사용자가 그 사직서 제출에 따른 사직의 의사표시를 수락함으로써 사용자와 근로자 사이의 근로계약관계는 합의해지에 의하여 종료되는 것이므로 사용자의 의원면직처분을 해고라고 볼 수 없다(대법원 1992. 7. 10. 선고 92다3809 판결, 1993. 1. 26. 선고 91다38686 판결, 1996. 7. 30. 선고 95누7765 판결 등 참조)(대법원 1997.8.29, 97다12006).

39) 청원경찰법 제5조 제1항, 제3항, 제11조, 구 청원경찰법시행령(1999. 9. 30. 대통령령 제16562호로 개정되기 전의 것) 제16조 제1항 등의 규정을 종합하면, 청원주는 청원경찰이 인원의 감축으로 과원이 되었을 때에는 직권으로 면직시킬 수 있는바, 지방자치단체의 장이 청원주인 경우 그 면직처분은 재량행위라 할 것이므로, 지방자치단체의 장이 합리적이고 공정한 기준에 의하여 면직대상자를 선정하고 그에 따라 면직처분을 하였다면 일응 적법한 재량행사라 할 것이나, 그 기준이 평등의 원칙에 위배되는 등 비합리적이고 불공정하다면 그에 따른 면직처분은 재량권의 일탈·남용으로서 위법하다(대법원 2002.2.8, 2000두4057).

2. 청원경찰의 폐지·감축과 고용의 보장

청원경찰의 배치를 폐지하거나 배치인원을 감축하는 경우 해당 청원주는 배치폐지나 배치인원 감축으로 과원(過員)이 되는 청원경찰 인원을 그 기관·시설 또는 사업장 내의 유사 업무에 종사하게 하거나 다른 시설·사업장 등에 재배치하는 등 청원경찰의 고용이 보장될 수 있도록 노력하여야 한다(청원경찰법 제10조의5 제3항).

Ⅷ 청원경찰과 당연 퇴직

청원경찰이 다음 각 호의 어느 하나에 해당할 때에는 당연 퇴직된다(청원경찰법 제10조의 6).[41]

---

40) 구 청원경찰법(1991. 5. 31. 법률 제4369호로 개정되기 전의 법률) 제9조에 의하면, 도지사는 청원경찰을 계속 배치할 필요가 없다고 인정될 때, 청원주가 청원경찰경비의 부담의무를 태만히 할 때, 청원경찰이 배치된 시설이 축소되거나 당해 시설의 중요도가 저하되는 등 배치 인원을 감축할 필요가 있다고 인정될 때에는 청원경찰의 배치를 중지 또는 폐지하거나 배치 인원을 감축할 수 있다고 규정하고, 구 청원경찰법시행령(1991. 7. 30. 대통령령 제13435호로 개정되기 전의 시행령) 제13조 제1항에 의하면, 청원주가 청원경찰의 배치를 폐지 또는 중지하거나 그 배치 인원을 감축하고자 할 때에는 청원경찰배치의 폐지·중지 또는 감축신청서를 관할 경찰서장을 거쳐 도지사에게 제출하도록 규정하고 있으나, 청원주가 이와 같은 청원경찰배치의 폐지·중지 또는 인원감축에 관한 도지사의 결정 또는 명령 없이 또한 청원경찰배치의 폐지·중지 또는 감축신청서를 제출하지 않은 채 청원경찰과 사이의 사법상 근로계약관계를 해소하였다고 하더라도 그와 같은 사법상 행위의 효력에 무슨 영향이 있는 것은 아니라고 보아야 할 것이다(대법원 1997.8.29, 97다12006).

41) (가) 청원경찰이 법원에서 자격정지의 형을 선고받은 경우 국가공무원법을 준용하여 당연퇴직하도록 한 청원경찰법(2010. 2. 4. 법률 제10013호로 전문 개정된 것) 제10조의6 제1호 중 제5조 제2항에 의한 국가공무원법 제33조 제6호 '법원의 판결에 따라 자격이 정지된 자' 부분(이하 '이 사건 법률조항' 이라 한다)이 청원경찰의 직업의 자유를 침해하는지 여부(소극) : 이 사건 법률조항은 자격정지의 형을 선고 받은 자를 청원경찰직에서 당연퇴직시킴으로써 청원경찰의 사회적 책임 및 청원경찰직에 대한 국민의 신뢰를 제고하고, 청원경찰로서의 성실하고 공정한 직무수행을 담보하기 위한 법적 조치이므로, 그 입법목적의 정당성이 인정되고, 범죄행위로 인하여 형사처벌을 받은 청원경찰은 청원경찰로서의 자질에 심각한 흠결이 생겼다고 볼 수 있고, 그 자질에 심각한 흠결이 생긴 청원경찰에 대하여 경비 및 공안업무 수행의 위임을 거두어들여 그에 상응하는 신분상의 불이익을 과하는 것은 국민 전체의 이익을 위해 적절한 수단이 될 수 있으므로, 이 사건 법률조항이 범죄행위로 자격정지의 형을 선고받은 자를 청원경찰직에서 배제하도록 한 것은 위와 같은 입법목적을 달성하기 위해 효과적이고

1. 제5조 제2항에 따른 임용결격사유에 해당될 때

2. 제10조의5에 따라 청원경찰의 배치가 폐지되었을 때

3. 나이가 60세가 되었을 때. 다만, 그 날이 1월부터 6월 사이에 있으면 6월 30일에, 7월부터 12월 사이에 있으면 12월 31일에 각각 당연 퇴직된다.

IX 청원경찰의 휴직과 명예퇴직

국가기관이나 지방자치단체에 근무하는 청원경찰의 휴직 및 명예퇴직에 관하여는 「국가공무원법」 제71조부터 제73조까지 및 제74조의2를 준용한다(청원경찰법 제10조의7).

＊ 국가공무원법

제71조(휴직) ① 공무원이 다음 각 호의 어느 하나에 해당하면 임용권자는 본인의 의사에도 불구하고 휴직을 명하여야 한다.

적절한 수단이 될 수 있다. 또한 이 사건 법률조항이 정한 바와 같이 자격정지의 형을 선고받은 자를 청원경찰직에서 당연퇴직시키는 것은 위와 같은 입법목적을 달성하면서도 기본권침해를 최소화하는 수단이라고 할 것이어서 기본권 침해의 최소성 원칙을 준수하였고, 자격정지의 형을 선고받은 청원경찰이 이 사건 법률조항에 따라 당연퇴직되어 입게 되는 직업의 자유에 대한 제한이라는 불이익이 자격정지의 형을 선고받은 자를 청원경찰직에서 당연퇴직시킴으로써 청원경찰에 대한 국민의 신뢰를 제고하고 청원경찰로서의 성실하고 공정한 직무수행을 담보하려는 공익에 비하여 더 중하다고 볼 수는 없으므로, 법익균형성도 지켜지고 있다. 따라서 이 사건 법률조항은 과잉금지원칙을 위반하여 청구인의 직업의 자유를 침해하지 아니한다. (나) 이 사건 법률조항이 청구인의 평등권을 침해하는지 여부(소극) : 청원경찰의 임면관계는 기본적으로 사법관계이지만, 청원경찰법은 청원경찰이 일정한 장소적 한계 내에서는 공무원인 경찰관과 동일하게 국가기관 등의 경비 및 공안업무를 부여받은 수임자라는 사실을 고려하여, 일반 근로자와 달리 청원경찰을 공무원과 유사하게 처우하여 신분보장이나 사회보장 등에 있어 일반 사기업체에 근무하는 근로자보다 두터운 보호를 하고 있으므로, 이와 같이 그 신분에 있어 특별한 법적 보호를 받고 있는 청원경찰에게는 이에 부합하는 특별한 책임이 요구된다. 따라서 이 사건 법률조항이 위와 같이 공공적 성격이 강한 청원경찰 업무의 공정한 수행 및 청원경찰에 대한 국민의 신뢰 제고 등을 위하여 청원경찰이 자격정지의 형을 선고받은 경우 일반 근로자와는 달리 당연퇴직되도록 규정하고 있는 것은 앞서 본 바와 같은 사정에 비추어 합리적 이유가 있는 차별에 해당한다. 그러므로 이 사건 법률조항은 청구인의 평등권을 침해하지 않는다(헌법재판소 2011.10.25, 2011헌마85).

1. 신체·정신상의 장애로 장기 요양이 필요할 때

2. 삭제 〈1978.12.5.〉

3. 「병역법」에 따른 병역 복무를 마치기 위하여 징집 또는 소집된 때

4. 천재지변이나 전시·사변, 그 밖의 사유로 생사(生死) 또는 소재(所在)가 불명확하게 된 때

5. 그 밖에 법률의 규정에 따른 의무를 수행하기 위하여 직무를 이탈하게 된 때

6. 「공무원의 노동조합 설립 및 운영 등에 관한 법률」 제7조[42]에 따라 노동조합 전임자로 종사하게 된 때

② 임용권자는 공무원이 다음 각 호의 어느 하나에 해당하는 사유로 휴직을 원하면 휴직을 명할 수 있다. 다만, 제4호의 경우에는 대통령령[43]으로 정하는 특별한 사정이 없으면 휴직을 명하여야 한다.

1. 국제기구, 외국 기관, 국내외의 대학·연구기관, 다른 국가기관 또는 대통령령으로 정하는 민간기업, 그 밖의 기관에 임시로 채용될 때

2. 국외 유학을 하게 된 때

3. 중앙인사관장기관의 장이 지정하는 연구기관이나 교육기관 등에서 연수하게 된 때

4. 만 8세 이하 또는 초등학교 2학년 이하의 자녀를 양육하기 위하여 필요하거나 여성공무원이 임신 또는 출산하게 된 때

5. 사고나 질병 등으로 장기간 요양이 필요한 조부모, 부모(배우자의 부모를 포함한다), 배우자, 자녀 또는 손자녀를 간호하기 위하여 필요한 때. 다만, 조부모나 손자녀의 간호를 위하여 휴직할 수 있는 경우는 본인 외에는 간호할 수 있는 사람이 없는 등 대통령령[44]

---

42) 공무원의 노동조합 설립 및 운영 등에 관한 법률 제7조(노동조합 전임자의 지위) ① 공무원은 임용권자의 동의를 받아 노동조합의 업무에만 종사할 수 있다. ② 제1항에 따른 동의를 받아 노동조합의 업무에만 종사하는 사람[이하 "전임자"(專任者)라 한다]에 대하여는 그 기간 중 「국가공무원법」 제71조 또는 「지방공무원법」 제63조에 따라 휴직명령을 하여야 한다. ③ 국가와 지방자치단체는 전임자에게 그 전임기간 중 보수를 지급하여서는 아니 된다. ④ 국가와 지방자치단체는 공무원이 전임자임을 이유로 승급이나 그 밖에 신분과 관련하여 불리한 처우를 하여서는 아니 된다.

43) 공무원임용령 제57조의2(육아휴직)① 법 제71조 제2항 제4호의 사유로 인한 휴직명령은 그 공무원이 원할 때에는 이를 분할하여 할 수 있다. ② 법 제71조 제2항 각 호 외의 부분 단서에서 "대통령령으로 정하는 특별한 사정"이란 이 영에 따른 공무원과는 다른 법률의 적용을 받는 공무원이 이 영에 따른 공무원이 된 경우 종전의 신분에서 사용한 육아휴직 기간과 법 제71조 제2항 제4호에 따라 사용하는 육아휴직 기간을 합한 기간이 자녀 1명에 대하여 3년 이상인 경우를 말한다.

44) 공무원임용령 제57조의8(가사휴직)법 제71조 제2항 제5호 단서에서 "대통령령으로 정하는 요건을 갖

등으로 정하는 요건을 갖춘 경우로 한정한다.

6. 외국에서 근무·유학 또는 연수하게 되는 배우자를 동반하게 된 때

7. 대통령령[45]등으로 정하는 기간 동안 재직한 공무원이 직무 관련 연구과제 수행 또는 자기개발을 위하여 학습·연구 등을 하게 된 때

③ 임기제공무원에 대하여는 제1항 제1호·제3호 및 제2항 제4호에 한정하여 제1항 및 제2항을 적용한다. 이 경우 제2항 제4호는 휴직을 시작하려는 날부터 남은 근무기간이 6개월 이상인 경우로 한정한다.

④ 임용권자는 제2항제4호에 따른 휴직을 이유로 인사에 불리한 처우를 하여서는 아니 된다.

⑤ 제1항부터 제4항까지의 규정에 따른 휴직 제도 운영에 관하여 필요한 사항은 대통령령 등으로 정한다.

제72조(휴직 기간) 휴직 기간은 다음과 같다.

1. 제71조 제1항 제1호에 따른 휴직기간은 1년 이내로 하되, 부득이한 경우 1년의 범위에서 연장할 수 있다. 다만, 다음 각 목의 어느 하나에 해당하는 공무상 질병 또는 부상으로 인한 휴직기간은 3년 이내로 한다.

    가. 「공무원연금법」 제35조 제1항에 따른 공무상요양비 지급대상 질병 또는 부상

    나. 「산업재해보상보험법」 제40조에 따른 요양급여 결정 대상 질병 또는 부상

2. 제71조 제1항 제3호와 제5호에 따른 휴직 기간은 그 복무 기간이 끝날 때까지로 한다.

3. 제71조 제1항 제4호에 따른 휴직 기간은 3개월 이내로 한다.

춘 경우"란 다음 각 호의 어느 하나에 해당하는 경우를 말한다.

1. 조부모를 간호하는 경우: 본인 외에는 조부모의 직계비속이 없는 경우. 다만, 다른 직계비속이 있으나 질병, 고령(高齡), 장애 또는 미성년 등의 사유로 본인이 간호할 수 밖에 없는 경우를 포함한다.

2. 손자녀를 간호하는 경우: 본인 외에는 손자녀의 직계존속 및 형제자매가 없는 경우. 다만, 다른 직계존속 또는 형제자매가 있으나 질병, 고령, 장애 또는 미성년 등의 사유로 본인이 간호할 수 밖에 없는 경우를 포함한다.

45) 공무원임용령 제57조의10(자기개발휴직)① 법 제71조 제2항 제7호에서 "대통령령 등으로 정한 기간"이란 5년 이상을 말한다. ② 법 제71조 제2항 제7호에 따른 휴직(이하 "자기개발휴직"이라 한다) 후 복직한 공무원은 복직 후 10년 이상 근무하여야 다시 자기개발휴직을 할 수 있다. ③ 제1항 및 제2항에 따른 기간에는 휴직기간·직위해제처분기간 및 강등·정직처분으로 인하여 직무에 종사하지 아니한 기간은 넣어 계산하지 아니한다. ④ 제1항부터 제3항까지에서 규정한 사항 외에 자기개발휴직의 운영에 필요한 사항은 인사혁신처장이 정한다.

4. 제71조 제2항 제1호에 따른 휴직 기간은 그 채용 기간으로 한다. 다만, 민간기업이나 그 밖의 기관에 채용되면 3년 이내로 한다.

5. 제71조 제2항 제2호와 제6호에 따른 휴직 기간은 3년 이내로 하되, 부득이한 경우에는 2년의 범위에서 연장할 수 있다.

6. 제71조 제2항 제3호에 따른 휴직 기간은 2년 이내로 한다.

7. 제71조 제2항 제4호에 따른 휴직 기간은 자녀 1명에 대하여 3년 이내로 한다.

8. 제71조 제2항 제5호에 따른 휴직 기간은 1년 이내로 하되, 재직 기간 중 총 3년을 넘을 수 없다.

9. 제71조 제1항 제6호에 따른 휴직 기간은 그 전임 기간으로 한다.

10. 제71조 제2항 제7호에 따른 휴직 기간은 1년 이내로 한다.

제73조(휴직의 효력) ① 휴직 중인 공무원은 신분은 보유하나 직무에 종사하지 못한다. ② 휴직 기간 중 그 사유가 없어지면 30일 이내에 임용권자 또는 임용제청권자에게 신고하여야 하며, 임용권자는 지체 없이 복직을 명하여야 한다.[46] ③ 휴직 기간이 끝난 공무원이 30일 이내에 복귀 신고를 하면 당연히 복직된다.

제73조의4(강임) ① 임용권자는 직제 또는 정원의 변경이나 예산의 감소 등으로 직위가 폐직되거나 하위의 직위로 변경되어 과원이 된 경우 또는 본인이 동의한 경우에는 소속 공무원

---

46) [1] 구 교육공무원법(2011. 5. 19. 법률 제10634호로 개정되기 전의 것) 제44조 제1항 제7호는 '만 6세 이하의 초등학교 취학 전 자녀'를 양육대상으로 하여 '교육공무원이 그 자녀를 양육하기 위하여 필요한 경우'를 육아휴직의 사유로 규정하고 있으므로, 육아휴직 중 그 사유가 소멸하였는지는 해당 자녀가 사망하거나 초등학교에 취학하는 등으로 양육대상에 관한 요건이 소멸한 경우뿐만 아니라 육아휴직 중인 교육공무원에게 해당 자녀를 더 이상 양육할 수 없거나, 양육을 위하여 휴직할 필요가 없는 사유가 발생하였는지 여부도 함께 고려하여야 하고, 국가공무원법 제73조 제2항의 문언에 비추어 복직명령은 기속행위이므로 휴직사유가 소멸하였음을 이유로 신청하는 경우 임용권자는 지체 없이 복직명령을 하여야 한다. [2] 자녀양육을 위한 육아휴직 기간 중 다른 자녀를 출산하거나 또는 출산이 예정되어 있어 구 국가공무원 복무규정(2011. 7. 4. 대통령령 제23010호로 개정되기 전의 것) 제20조 제2항에 따른 출산휴가 요건을 갖춘 경우에는 더 이상 기존 자녀의 양육을 위하여 휴직할 필요가 없는 사유가 발생한 때에 해당한다. 따라서 육아휴직 중인 여성 교육공무원이 출산휴가 요건을 갖추어 복직신청을 하는 경우는 물론 그 이전에 미리 출산을 이유로 복직신청을 하는 경우에도 임용권자는 출산휴가 개시 시점에 휴직사유가 없어졌다고 보아 복직명령과 동시에 출산휴가를 허가하여야 한다 (대법원 2014.6.12, 2012두4852).

을 강임할 수 있다. ② 제1항에 따라 강임된 공무원은 상위 직급 또는 고위공무원단 직위에 결원이 생기면 제40조 · 제40조의2 · 제40조의4 및 제41조에도 불구하고 우선 임용된다. 다만, 본인이 동의하여 강임된 공무원은 본인의 경력과 해당 기관의 인력 사정 등을 고려하여 우선 임용될 수 있다.

Ⅰ 청원경찰과 벌칙

청원경찰로서 국가공무원법상의 집단행위의 금지(동법 제66조 제1항)[47][48][49][50] 조항을

---

47) 국가공무원법 제66조(집단 행위의 금지) ① 공무원은 노동운동이나 그 밖에 공무 외의 일을 위한 집단 행위를 하여서는 아니 된다. 다만, 사실상 노무에 종사하는 공무원은 예외로 한다. ② 제1항 단서의 사실상 노무에 종사하는 공무원의 범위는 대통령령등으로 정한다. ③ 제1항 단서에 규정된 공무원으로서 노동조합에 가입된 자가 조합 업무에 전임하려면 소속 장관의 허가를 받아야 한다. ④ 제3항에 따른 허가에는 필요한 조건을 붙일 수 있다.

48) 국가공무원법 제66조에서 금지한 '노동운동'은 헌법과 국가공무원법과의 관계 및 우리 헌법이 근로삼권을 집회, 결사의 자유와 구분하여 보장하면서도 근로삼권에 한하여 공무원에 대한 헌법적 제한규정을 두고 있는 점에 비추어 헌법 및 노동법적 개념으로서의 근로삼권, 즉 단결권, 단체교섭권, 단체행동권을 의미한다고 해석하여야 할 것이고, 제한되는 단결권은 종속근로자들이 사용자에 대하여 근로조건의 유지, 개선 등을 목적으로 조직한 경제적 결사인 노동조합을 결성하고 그에 가입, 활동하는 권리를 말한다고 할 것이며 또한 같은 법상의 '공무 이외의 일을 위한 집단적 행위'는 공무가 아닌 어떤 일을 위하여 공무원들이 하는 모든 집단적 행위를 의미하는 것은 아니고 언론, 출판, 집회, 결사의 자유를 보장하고 있는 헌법 제21조 제1항, 헌법상의 원리, 국가공무원법의 취지, 국가공무원법상의 성실의무 및 직무전념의무 등을 종합적으로 고려하여 '공익에 반하는 목적을 위하여 직무전념의무를 해태하는 등의 영향을 가져오는 집단적 행위'라고 축소해석하여야 할 것이다(대법원 1992.2.14, 90도2310).

49) 국가공무원법 제66조 제1항이 금지하고 있는 "공무 외의 집단적 행위"라 함은 공무원으로서 직무에 관한 기강을 저해하거나 기타 그 본분에 배치되는 등 공무의 본질을 해치는 특정목적을 위한 다수인의 행위로써 단체의 결성단계에는 이르지 아니한 상태에서의 행위를 말한다. 장관 주재의 정례조회에서의 집단퇴장행위는 공무원으로서 직무에 관한 기강을 저해하거나 기타 그 본분에 배치되는 등 공무의 본질을 해치는 다수인의 행위라 할 것이므로, 비록 그것이 건설행정기구의 개편안에 관한 불만의 의사표시에서 비롯되었다 하더라도, 위 "가"항의 "공무 외의 집단적 행위"에 해당한다(대법원 1992.3.27, 91누9145).

50) 구 국가공무원법(2012. 12. 11. 법률 제11530호로 개정되기 전의 것, 이하 '국가공무원법'이라 한다)

위반한 사람은 1년 이하의 징역 또는 200만원 이하의 벌금에 처한다(청원경찰법 제11조).

[별표 2]

과태료의 부과기준 (제21조 제1항 관련)

위반행위	해당 법조문	과태료 금액
1. 법 제4조 제2항에 따른 지방경찰청장의 배치 결정을 받지 않고 다음 각 목의 시설에 청원경찰을 배치한 경우	법 제12조 제1항 제1호	
가. 국가 중요 시설(국가정보원장이 지정하는 국가보안 목표시설을 말한다)인 경우		500만원
나. 가목에 따른 국가 중요 시설 외의 시설인 경우		400만원
2. 법 제5조 제1항에 따른 지방경찰청장의 승인을 받지 않고 다음 각 목의 청원경찰을 임용한 경우	법 제12조 제1항 제1호	
가. 법 제5조 제2항에 따른 임용 결격사유에 해당하는 청원경찰		500만원
나. 법 제5조 제2항에 따른 임용 결격사유에 해당하지 않고 청원경찰		300만원
3. 정당한 사유 없이 법 제6조 제3항에 따라 경찰청장이 고시한 최저부담기준액 이상의 보수를 지급하지 않은 경우	법 제12조 제1항 제2호	500만원
4. 법 제9조의3 제2항에 따른 지방경찰청장의 감독상 필요한 다음 각 목의 명령을 정당한 사유 없이 이행하지 않은 경우	법 제12조 제1항 제3호	
가. 총기·실탄 및 분사기에 관한 명령		500만원
나. 가목에 따른 명령 외의 명령		300만원

제66조 제1항은 "공무원은 노동운동이나 그 밖에 공무 외의 일을 위한 집단 행위를 하여서는 아니 된다. 다만, 사실상 노무에 종사하는 공무원은 예외로 한다."라고 규정하고 있다. 국가공무원법이 위와 같이 '공무 외의 일을 위한 집단행위'라고 다소 포괄적이고 광범위하게 규정하고 있다 하더라도, 이는 공무가 아닌 어떤 일을 위하여 공무원들이 하는 모든 집단행위를 의미하는 것이 아니라, 언론·출판·집회·결사의 자유를 보장하고 있는 헌법 제21조 제1항, 공무원에게 요구되는 헌법상의 의무 및 이를 구체화한 국가공무원법의 취지, 국가공무원법상의 성실의무 및 직무전념의무 등을 종합적으로 고려하여 '공익에 반하는 목적을 위한 행위로서 직무전념의무를 해태하는 등의 영향을 가져오는 집단적 행위'라고 해석된다. 위 규정을 위와 같이 해석한다면 수범자인 공무원이 구체적으로 어떠한 행위가 여기에 해당하는지를 충분히 예측할 수 없을 정도로 적용 범위가 모호하다거나 불분명하다고 할 수 없으므로 위 규정이 명확성의 원칙에 반한다고 볼 수 없고, 또한 위 규정이 적용 범위가 지나치게 광범위하거나 포괄적이어서 공무원의 표현의 자유를 과도하게 제한한다고 볼 수 없으므로, 과잉금지의 원칙에 반한다고 볼 수도 없다(대법원 2017.4.13, 2014두8469).

Ⅱ 청원경찰법과 과태료

1. 과태료 부과권자와 과태료 부과사유

지방경찰청장은 ① 지방경찰청장의 배치 결정을 받지 아니하고 청원경찰을 배치하거나, ② 지방경찰청장의 승인을 받지 아니하고 청원경찰을 임용한 자, ③ 정당한 사유 없이 경찰청장이 고시한 최저부담기준액 이상의 보수를 지급하지 아니한 자, ④ 감독상 필요한 명령을 정당한 사유 없이 이행하지 아니한 자에게는 500만원 이하의 과태료를 부과한다(청원경찰법 제12조 제1항 및 제2항).

2. 과태료의 부과기준

청원경찰법상의 과태료의 부과기준은 별표 2와 같다(청원경찰법 시행령 제21조 제1항). 지방경찰청장은 위반행위의 동기, 내용 및 위반의 정도 등을 고려하여 별표 2에 따른 과태료 금액의 100분의 50의 범위에서 그 금액을 줄이거나 늘릴 수 있다. 다만, 늘리는 경우에는 청원경찰법에 따른 과태료 금액의 상한을 초과할 수 없다(청원경찰법 시행령 제21조 제1항).

3. 경찰서장의 과태료처분

경찰서장은 과태료처분을 하였을 때에는 과태료 부과 및 징수 사항을 과태료 수납부에 기록하고 정리하여야 한다(청원경찰법 시행규칙 제24조 제3항).

Ⅲ 민감정보 및 고유식별정보의 처리

지방경찰청장 또는 경찰서장은 다음 각 호의 사무를 수행하기 위하여 불가피한 경우 「개인정보 보호법」 제23조[51]에 따른 건강에 관한 정보와 같은 법 시행령 제18조 제2호[52]에 따

---

51) 개인정보 보호법 제23조(민감정보의 처리 제한) ① 개인정보처리자는 사상·신념, 노동조합·정당의 가입·탈퇴, 정치적 견해, 건강, 성생활 등에 관한 정보, 그 밖에 정보주체의 사생활을 현저히 침해할

른 범죄경력자료에 해당하는 정보, 같은 영 제19조 제1호 또는 제4호[53])에 따른 주민등록번호 또는 외국인등록번호가 포함된 자료를 처리할 수 있다(청원경찰법 시행령 제20조의2).

1. 청원경찰의 임용, 배치 등 인사관리에 관한 사무

2. 청원경찰의 제복 착용 및 무기 휴대에 관한 사무

3. 청원주에 대한 지도·감독에 관한 사무

4. 제1호부터 제3호까지의 규정에 따른 사무를 수행하기 위하여 필요한 사무

우려가 있는 개인정보로서 대통령령으로 정하는 정보(이하 "민감정보"라 한다)를 처리하여서는 아니 된다. 다만, 다음 각 호의 어느 하나에 해당하는 경우에는 그러하지 아니하다.

1. 정보주체에게 제15조 제2항 각 호 또는 제17조 제2항 각 호의 사항을 알리고 다른 개인정보의 처리에 대한 동의와 별도로 동의를 받은 경우

2. 법령에서 민감정보의 처리를 요구하거나 허용하는 경우

② 개인정보처리자가 제1항 각 호에 따라 민감정보를 처리하는 경우에는 그 민감정보가 분실·도난·유출·위조·변조 또는 훼손되지 아니하도록 제29조에 따른 안전성 확보에 필요한 조치를 하여야 한다.

52) 개인정보 보호법 시행령 제18조(민감정보의 범위) 법 제23조 제1항 각 호 외의 부분 본문에서 "대통령령으로 정하는 정보"란 다음 각 호의 어느 하나에 해당하는 정보를 말한다. 다만, 공공기관이 법 제18조 제2항 제5호부터 제9호까지의 규정에 따라 다음 각 호의 어느 하나에 해당하는 정보를 처리하는 경우의 해당 정보는 제외한다.

1. 유전자검사 등의 결과로 얻어진 유전정보

2. 「형의 실효 등에 관한 법률」 제2조 제5호에 따른 범죄경력자료에 해당하는 정보

53) 개인정보 보호법 시행령 제19조(고유식별정보의 범위) 법 제24조 제1항 각 호 외의 부분에서 "대통령령으로 정하는 정보"란 다음 각 호의 어느 하나에 해당하는 정보를 말한다. 다만, 공공기관이 법 제18조 제2항 제5호부터 제9호까지의 규정에 따라 다음 각 호의 어느 하나에 해당하는 정보를 처리하는 경우의 해당 정보는 제외한다.

1. 「주민등록법」 제7조 제3항에 따른 주민등록번호

2. 「여권법」 제7조 제1항 제1호에 따른 여권번호

3. 「도로교통법」 제80조에 따른 운전면허의 면허번호

4. 「출입국관리법」 제31조 제4항에 따른 외국인등록번호

8 Chapter

청원경찰의 문서와 장부

I 청원주가 갖추어야 할 문서와 장부의 비치

청원주는 다음 각 호의 문서와 장부를 갖춰 두어야 한다(청원경찰법 시행규칙 제17조 제1항). 문서와 장부의 서식은 경찰관서에서 사용하는 서식을 준용한다(청원경찰법 시행규칙 제17조 제4항).

1. 청원경찰 명부
2. 근무일지
3. 근무 상황카드
4. 경비구역 배치도
5. 순찰표철
6. 무기·탄약 출납부
7. 무기장비 운영카드
8. 봉급지급 조서철
9. 신분증명서 발급대장
10. 징계 관계철
11. 교육훈련 실시부
12. 청원경찰 직무교육계획서
13. 급여품 및 대여품 대장
14. 그 밖에 청원경찰의 운영에 필요한 문서와 장부

II 경찰서장이 갖추어야 할 문서와 장부

관할 경찰서장은 다음 각 호의 문서와 장부를 갖춰 두어야 한다(청원경찰법 시행규칙 제17조 제2항).
1. 청원경찰 명부
2. 감독 순시부
3. 전출입 관계철
4. 교육훈련 실시부
5. 무기ㆍ탄약 대여대장
6. 징계요구서철
7. 그 밖에 청원경찰의 운영에 필요한 문서와 장부

III 지방경찰청장이 갖추어야 할 문서와 장부

지방경찰청장은 다음 각 호의 문서와 장부를 갖춰 두어야 한다(청원경찰법 시행규칙 제17조 제3항).
1. 배치 결정 관계철
2. 청원경찰 임용승인 관계철
3. 전출입 관계철
4. 그 밖에 청원경찰의 운영에 필요한 문서와 장부

IV 경비전화의 가설

관할 경찰서장은 청원주의 신청에 따라 경비를 위하여 필요하다고 인정할 때에는 청원경찰이 배치된 사업장에 경비전화를 가설할 수 있다(청원경찰법 시행규칙 제20조 제1항). 경비전화를 가설할 때 드는 비용은 청원주가 부담한다(청원경찰법 시행규칙 제20조 제2항).

V 청원경찰의 근무요령

1. 입초근무자의 근무요령

자체경비를 하는 입초근무자는 경비구역의 정문이나 그 밖의 지정된 장소에서 경비구역의 내부, 외부 및 출입자의 움직임을 감시한다(청원경찰법 시행규칙 제14조 제1항).

2. 소내근무자의 근무요령

업무처리 및 자체경비를 하는 소내근무자는 근무 중 특이한 사항이 발생하였을 때에는 지체 없이 청원주 또는 관할 경찰서장에게 보고하고 그 지시에 따라야 한다(청원경찰법 시행규칙 제14조 제2항).

3. 순찰근무자의 근무요령

순찰근무자는 청원주가 지정한 일정한 구역을 순회하면서 경비 임무를 수행한다. 이 경우 순찰은 단독 또는 복수로 정선순찰(定線巡察)을 하되, 청원주가 필요하다고 인정할 때에는 요점순찰(要點巡察) 또는 난선순찰(亂線巡察)을 할 수 있다(청원경찰법 시행규칙 제14조 제3항).

4. 대기근무자의 근무요령

대기근무자는 소내근무에 협조하거나 휴식하면서 불의의 사고에 대비한다(청원경찰법 시행규칙 제14조 제4항).

VI 청원경찰의 주의사항

청원경찰이 청원경찰법에 따른 직무를 수행할 때에는 경비 목적을 위하여 필요한 최소한의 범위에서 하여야 한다(청원경찰법 시행규칙 제21조 제1항). 또한 청원경찰은 「경찰관 직무집행법」에 따른 직무 외의 수사활동 등 사법경찰관리의 직무를 수행해서는 아니 된다(청원경찰법 시행규칙 제21조 제2항).

Ⅶ 감독자의 지정

2명 이상의 청원경찰을 배치한 사업장의 청원주는 청원경찰의 지휘·감독을 위하여 청원경찰 중에서 유능한 사람을 선정하여 감독자로 지정하여야 한다(청원경찰법 시행규칙 제19조 제1항).

감독자는 조장, 반장 또는 대장으로 하며, 그 지정기준은 별표 4와 같다(청원경찰법 시행규칙 제19조 제2항).

[별표 4]

감독자 지정기준(제19조 제2항 관련)

근무인원	직급별 지정기준		
	대장	반장	조장
9명까지			1명
10명 이상 29명 이하		1명	2 ~ 3명
30명 이상 40명 이하		1명	3 ~ 4명
41명 이상 60명 이하	1명	2명	6명
61명 이상 120명 이하	1명	4명	12명

Ⅷ 직무교육

청원주는 소속 청원경찰에게 그 직무집행에 필요한 교육을 매월 4시간 이상 하여야 한다(청원경찰법 시행규칙 제13조 제1항).

청원경찰이 배치된 사업장의 소재지를 관할하는 경찰서장은 필요하다고 인정하는 경우에는 그 사업장에 소속 공무원을 파견하여 직무집행에 필요한 교육을 할 수 있다(청원경찰법 시행규칙 제13조 제2항).

이철호

남부대학교 경찰행정학과 교수
(헌법, 인권법, 경찰법)

동국대학교 법과대학을 졸업하고 동 대학원에서 법학박사학위를 취득했다. 모교인 동국대학교를 비롯하여 덕성여자대학교, 평택대학교 등 여러 대학에서 헌법, 비교헌법론, 법학개론, 경찰행정법 등을 강의 했으며, 현재는 광주광역시(光州廣域市)에 소재하고 있는 남부대학교 경찰행정학과에서 헌법·경찰과 인권·경찰특별법규 등을 가르치고 있다.

이철호는 역사에 토대를 둔 학문을 하고자 하며, "과거 청산에는 시효나 기한이 있을 수 없다"라는 신념으로 군사독재 정권의 왜곡된 법리 문제를 논구(論究)하고자 애쓰고 있다. 한편으로 우리 사회 '인권'의 불침번이 되려는 노력을 게을리 하지 않는다.

학교 안에서는 학과장, 입학홍보실장, 생활관장, 경찰법률연구소 소장으로 봉사하였고, 학교 밖에서는 중앙선거관리위원회 자문위원, 개인정보분쟁조정위원회 전문위원, 광주지방경찰청 징계위원, 경찰청 치안정책 평가위원, 경찰청 과학수사센터 자문교수, (사)한국투명성 기구 정책위원 등으로 활동하고 있다.

그 동안 발표한 논문으로는 성범죄의 재범 방지 제도와 경찰의 성범죄 전력자 관리, 전·의경의 손해배상청구권 제한의 문제점과 해결방안, 국회 날치기 통과사와 국회폭력방지방안, 한국의 기업인 범죄와 법집행의 문제, 존속살해 범죄와 존속살해죄 가중처벌의 위헌성 검토, 선거관리위원회의 위상과 과제, 헌법상 종교의 자유와 종교문제의 검토, 헌법상 인간의 존엄과 성전환의 문제, 친일인사 서훈 취소 소송에 관한 관견(管見), The Story of the "Order of Merit Party" and the Cancellation of Awards Issued to Chun Doo-Hwan's New Military 등 다수 논문이 있고, 〈헌법강의〉(공저), 〈헌법입문〉, 〈경찰과 인권〉, 〈경찰행정법〉, 〈의료관계법규〉, 〈법학입문〉(공저), 〈법은 어떻게 독재의 도구가 되었나〉(공저), 〈동국의 법학자〉 등의 저서가 있다.

경비업법

1판 1쇄 인쇄 2017년 08월 25일
1판 1쇄 발행 2017년 09월 01일
저   자 이철호
발 행 인 이범만
발 행 처 **21세기사** (제406-00015호)
　　　　　경기도 파주시 산남로 72-16 (10882)
　　　　　Tel. 031-942-7861　　Fax. 031-942-7864
　　　　　E-mail : 21cbook@naver.com
　　　　　Home-page : www.21cbook.co.kr
　　　　　ISBN 978-89-8468-805-6

　　　　　정가 15,000원